F
2194

CODE
DE PROCÉDURE PÉNALE

ກົດໝາຍ

ສັກສະນະພິຈະນະຄະດີ

ອາຍາ

Imprimerie du Gouvernement.

1928 — ໑໙໒໘ —

CODE
DE PROCÉDURE PÉNALE

ກົດໝາຍ

ສັກສະນະພິຈາຣະນາຄວາມ

ອາຍາ

Imprimerie du Gouvernement.

1928 — ໑໙໒໘ —

CODE DE PROCÉDURE PÉNALE

Titre Ier

Constatation, poursuite et répression des infractions

CHAPITRE Ier

Exercice de l'action publique

SECTION I

Des agents de constatation

ARTICLE PREMIER

Les fonctionnaires et agents de l'Administration qualifiés pour constater les infractions de toute nature et en rechercher les auteurs sont les Chaomuong et leurs délégués, les Oupahat, les Naikong et les Tassèng. Les Phoban ont également qualité pour procéder à ces constatations à la condition d'en référer immédiatement au Tassèng.

ARTICLE 2

Ces fonctionnaires et agents de l'Administration ne peuvent agir que dans les limites de leur circonscription. Néanmoins dans le cas de poursuite à vue de l'auteur d'une infraction, la poursuite peut être continuée par ceux qui l'ont commencée, même en dehors de leur ressort. Mais ils doivent en rendre compte aux autorités du lieu où la poursuite a été ainsi continuée.

ກົດໝາຍ
ລັກສະນະພິຈາລະນາຄວາມອາຍຽ

ພາກ ທີ ໑

ວ່າດ້ວຍການຕັ້ງລຸດ ການຣັບຢື່ຢ້ອງ ແລະການລົງ
ໂຫດຄວາມຜິດຕາມກົດໝາຍ

ບົດ ທີ ໑

ວ່າດ້ວຍກົດຫມູ່ການຕັ້ງລຸດຄວາມຂອງນຸຍຕຽງຂອງຣາຍ

ໝວດ ທີ ໑

ວ່າດ້ວຍຍະບັກການອຸຈະເລີນຜູ້ຕັ້ງລຸດ

ມາຕຼາ ໑ — ຂ້າວຣາຊຸການແລະຍະບັກການຂອງຣັຖະບານ ຊຶງຈະມີຄວາມສາມາຣຸເຫ຋ອ
ຕັ້ງລຸດຄວາມຜິດຕາມກົດໝາຍຣຸກໆ ຢ່ຖ່ງແລະສົບໍ່ສົນບຫາງຜູ້ກະທ່ວຍຖຸຫັບ
ແມ່ນເທີງເມືອງບ້າຜູ້ຕ່ວຽບຫ່ງຂອງທ່ວນ ອບິ່ງວຽ ນ່າງກອງແລະທາງແລງ
ນ່ອນນຍບວ໌ນກ໌ມີຄວາມສາມາຣຸດັ່ງດ້ງກ້າບແທ່ຕຕ່ງໄດ້ຄນບທາງແລງໄນຫ໌ບ
ໄດ້ —

ມາຕຼາ ໒ — ຂ້າວຣາຊຸການແລະຍະບັກການເຈ້ຼາບໍ ຈະມີອ້ານຽຸຕໍ່ການໄດແຕ່ໄນເຂຼ
ແດນທ່ຽວທໍຂອງຕົນ ແຕ່ວ່າໄນ ຄະນະເມືອງຕໍ່ການໄນຄຼວບເຫ້ານຜູ້ກະທ່ຽ
ຜູຽຄ໌ ຂ້າວຣາຊຸການແລະຍະບັກການເຈ້ຼາບໍນໍມີອ້ານຽຸຕໍການຜູ້ກະທ່ວ
ຜູ້ຣັບບຕໍໄວ ເຖ່ງວ່າຣະອງກາງກເຂຼແດນທ່ວທໍຂອງຕົນກໍໄດ້ ແຕ່ເວ຋
ຕ້ອງຄ໌ບ ຄວາມເຫາຕຸການໄວ້ອວງ່ຽວຣໍໄນຫ໌ນທໍນບໄວ້ຂຼວບນ່ວດັ່ງ-

ARTICLE 3

Les fonctionnaires et agents de l'Administration agissant dans leurs attributions de Police judiciaire peuvent requérir directement la force publique. Ils pourront requérir également les simples particuliers pour leur prêter main forte. Ils peuvent procéder à des perquisitions partout où besoin sera à l'effet de saisir tout objet pouvant servir à établir la preuve de l'infraction. Ils peuvent mettre en état d'arrestation tout individu surpris au moment où il commet un crime ou un délit ou qui est dénoncé comme l'ayant commis.

ARTICLE 4

Toute personne témoin d'un crime ou d'un délit doit faire tous ses efforts pour l'empêcher et pour porter secours à la victime.

Il doit, dans tous les cas, dénoncer immédiatement ce crime ou ce délit à l'autorité la plus voisine.

ARTICLE 5

Toute autorité constituée, tout fonctionnaire public qui, dans l'exercice de ses fonctions, acquerra la connaissance d'un crime ou d'un délit sera tenu d'en donner avis sur le champs, à l'autorité administrative dont il dépend. Cette autorité transmettra cet avis au tribunal compétent.

ມາຕຕາ ໓ - ຂ້າຣາຊະການແລະພະນັກງານວັດຖຸະບວນ ຊຶ່ງຣັຖການໄນບັ້ວວ້ຫ້ຂອງຕົນ
ໄນຣະຄວງການຄຸະເຣບຍຸຕ໌ຫັນ ຈະຣຽກເອົາເອຠກຳລັງໄນມຫະບາງ ຍົບ
ຄຸະເຣບ ບ້າຍຍົບຕ້າງວົນຸມາຊຸ່ງຽຕົງກໍໄດ້ ບ້າຈະຣຽກເອົາວງຸະຄອບບ້ວ
ເຜື່ອຽຜູ້ໄຄຸ້ບບ້ງມາຊຸ່ງຽຕະກໍໄຄຍກ ເຮ້າມ້ວງຄ ຸຂອກນບຫຸກຫ້ຫຸ
ຕ້າບິນ ເມື່ອຽຽງກ້ອງການະຍ໌ອຈັບນຶ້ງຂະຠຫ້ອງຸຣະໄຄຸ້ໄຄ້ເບີນບ້າກຄຸວນໄບ້
ໄນການກະຫ່າງຝຸ່ບນ ເຮ້າມ້ວງຄ ຸບ້ງຄັບໄບ້ຣບໂກມບຸກຄົນຊຶງໄຄ້ເຫ້ບ
ຄວຫ້ວ່ມບໄຄກະຫ່າງຝຸ່ໄນຄຸວນຄະຽຣໂຫຽ ບ້າໄນຄຸວນໂຫຽຽຂບຸໂຫຽຍະ
ນະບຸໂຫຽ ບ້າບຸຄຄົນບ້າໄຄຸ້ກ໌ກຫາວ່ວໄຄກະຫ່າງຝຸ່ໄນຄຸຽບ ໂຫຽຽຫຽ່າບ-

ມາຕຕາ ໔ - ບຸຄຄົນຜູ້ໄຄຊຶງໄຄ້ເຫ້ບຝິບຍຽງານໄນການກະຫ່າງຝຸ່ ໄຄຸວບຄະຽຣໂຫຽ
ບ້າໂຫຽຽຂບຸໂຫຽ ບ້າ ະ ບຸໂຫຽ ຕຂຸຍຽຽຂ້ງມໄບ້ຕຣມກ້ວນຶ້ງຂຽຽຕົບ
ເຍຽບຍິຂ່ງກັບບໄບ້ເຍາຕຸຽບເກິຽ ຽຽນໄຄ ແລະກຂຽໄຍິຫະບຸບ້ວຊຸຸຊຸ່ງຽຜຸ້ຊຶງ
ຖ໌ກເຄຽະຣຽ ຸບັຄວຽ -

ໄຣຣະຄຸວບໄຄກ໌ກ໌ ບຸກຄົນຜູ້ມັນ ທ້ອງບ່ວເອົວເຍາຕຸການ ບັນມັບເບິຄອບ
ຂວຽຽຂຸ ຸຊຶ່ງບ້າຊຶ່ງ ຸຽນໄບ ຫັນໄຄ -

ມາຕຕາ ໕ - ຂວຣຽຽ ຸຊຸ໌ແລະຂ້າຣາຊະ ການຫຸກ ຯ ຊຸນ ຫຸກ ຯ ບັຄວວຣກ ໄນຄະ ບະເມື່ອ
ຣັບຫນ້າ ກ້ ຂວບຂຽຽຕົບຽຂ ຽ ຫາງກໄຄ ຸຍບ່ວເກິ ຸ ການກະຫ່າ ຝຸ່ໄນຄຸວນ
ຄະ ຸໂຫຽ ບ້າ ໂຫຽ ຽຂ ບຸໂຫຽ ບ້າ ະ ບຸ ໂຫຽ ຕຂຽບ່ວເຍາຕຸການ ບັນມັບຂຸບ
ຄອບບາ ຽຂອ ຽຕົນ ໄບ ຫັນໄຄ ຜູ້ຊຸຽຝິບໄບ່ ຽ ເມື່ອ ໄຄຸ ຸບເຍາຕຸການ ແລ ຽ
ຕຂຽບຂກເຍາຕຸການ ບັນມັບ ໄບ ຽ ຽຽ ະ ຽງ ຊຸໜ໌ມ້ວ ຽຂຸ ຍຽຍຂຸ ກ ຸ ການກະ
ຫ້ວຝິ ຽ ເຫ້າ ຸ ບຄຽ -

SECTION II

Des plaintes

ARTICLE 6

Toute personne qui se trouve lésée par une infraction quelconque doit porter plainte verbalement ou par écrit au greffe du tribunal de son domicile ou du domicile de l'auteur présumé de l'infraction ou du lieu où l'infraction a été commise. S'il ne le peut, il portera plainte au greffe du tribunal le plus proche ou devant les fonctionnaires ou agents chargés de la police judiciaire qui transmettront la plainte au greffe du tribunal compétent.

ARTICLE 7

Les plaintes doivent contenir le nom du plaignant, son âge, sa profession et son domicile, les indications détaillées des faits dont il se plaint, les noms et le domicile des auteurs soupçonnés et les noms et domicile des témoins. La plainte devra être signée du plaignant ou de celui qui l'aura rédigée.

ARTICLE 8

Les plaintes écrites ou verbales seront reçues et enregistrées gratuitement par le greffier sur le registre à ce destiné.

ໝວດ ທີ ໒

ວ່າດ້ວຍຄ່າຮ້ອງທຸກ

ມາຕຣາ ໖ - ບຸກຄຸລະຜູ້ໃດ ຊຶ່ງຖຶກເຄາະຮ້າຍເສັຽຫາຍດ້ວຍການກະທຳຜິຣນຳບຳນຳ ໄດຕຄັ້ງໄປຣອ້ງຟ້ອງໂຈຣບ໌ຂກ ຫຼືໂດຽຽບເປິນຕົວອັກສອນຕຳບົ້າວຈ່ວຊວບ ແບ່າງສວບບິະຈ່ຫ້ຂ້ຶຂອງຕາບ ຫຼືບິະຈ່ຫ້ຂ້ຶຂອງຜູ້ຖຶກບາວວ່າເປິນຕາບມ່ບຸຽະ ເບາຽ ຫຼືບິະຈ່ຫ້ເບາຽໄດເກົ່ງຂໍ້ບຣບ ຕ້ວຫາກຣະທ່ກ້າງວ່ມາບ໌ບ່ໄດ ແລ້ວ ຜູ້ຖຶກເຄາະຮ້ວຽບບ໌ ຈະຮ້ອງຍ້ອ້ຽບ຺ງຕ່ຈ່ວສວບແບ່າງສວບຫ້ຂ້ມ ໆ ບບກຳໄດ ຫ້າຍບ຺ຕຳໃຮ຺ຮຊະກວບ ແລະຍະບ຺ກ້າວຜູ້ຮບບ຺ຮ຺ຫ້ກວບຈຸະ ເບບຍຕຳຫັບ ຂ້າຈະໄດຣ່ງຄ່າຮ້ອງບບ຺ໄບ຺ບ້າສວບ ຂ້າບໍ່ອ່ວບຣຸໜຽວກຽ່ຊ຺ ຄະໄທ່ຣ່ອ຺ງບບໄດ -

ມາຕຣາ ໗ - ໄນຄ່າຮ້ອງຍ້ອ຺ຽບບ຺ ຕ່ອ຺ໄບ຺າມ໌ຊ຺ຂ຺ອງຜູ້ຣຮ້ອງຍ້ອ຺ຽ ອ຺ວຍ ວິຊ຺ຍບາວກ຺ບ ຫ້ ຂ້ຶ ແລະຄ່ຂ້ຶຮ່ວຽບອກໂຄ຺ຽ຺ຮ຺ອ຺ງ຺ຽເບາຽກວບ຺ຸຄວວມຊ຺ຳຕົບຮ່ອ຺ງ຺ຸບບ຺ ຍ່ອມ ຄ່າຣຊ຺ ແລະຫ້ຂ້ຶຂອງຈຳຍວກຄບິຊ຺ຳວຽ຺ໃສວ່າເປິນຕາບມ່ບຸຽະເບາຽບບ຺ ແລະຂ຺ຶ ຫ້ຂ້ຶຂອງຍວກວຍ຺ຽວບ ຕ່ອ຺ໄບ຺າຜູ້ຣຮ້ອງຍ້ອ຺ຽ ຫຼືຜູ້ແຕຣ຺ຍ້ອ຺ຽບບ຺ຣ຺ຸໄທ຺ຸບ຺ຂ຺ຸ ຂອງຕາບໄວ່ ຄ່ຶ -

ມາຕຣາ ໘ - ຂວສວບຈະເປິນຜູ້ຣ຺ບຄ່າຮ້ອງຍ້ອ຺ຽ ໂຄ຺ຽ຺ບິ຺ຂກ ຫຼ້າເປິບຕົວອັກສອບແລະວຼ຺ ເຊ຺ຂໄນບບາງຊ຺ໂ຺ກ຺ຮາ຺ວກ ໂຄ຺ຽບົ຺ຕ່ອ຺ງເຫ຺ຽ຺ຜູ້ຣຮ້ອງຍ້ອ຺ຽບບ຺ເຊ຺ຽ຺ຄ່ວຫັບບ຺ຣ຺ບ຺ນ຺ຳ ໄຄ຺ເຊ຺ຽ຺ -

SECTION III

Des procès-verbaux de police

ARTICLE 9

Les fonctionnaires et agents chargés de la police judiciaire qui, soit par la plainte de la victime d'une infraction, soit par tout autre moyen, auront connaissance d'un crime ou d'un délit commis sur le territoire soumis à leur surveillance, devront immédiatement en rendre compte, s'il s'agit d'un délit, au Président du tribunal indigène du ressort, s'il s'agit d'un crime, au Président du tribunal provincial.

ARTICLE 10.

Ils consigneront dans les procès verbaux qu'ils rédigeront à cet effet les faits portés à leur connaissance et le résultat de leurs investigations.

ARTICLE 11.

Les procès-verbaux devront indiquer :

1°/ les noms, qualités et résidence de l'autorité qui les aura rédigés ;

2°/ la date et le lieu où ils auront été dressés ;

3°/ les faits matériels que les procès-verbaux ont pour but de constater, indices ou présomptions qui ont pu être relevés à la charge des prévenus ou qui sont susceptibles de permettre de les découvrir s'ils sont encore inconnus ;

4°/ l'indication des témoins ou des dénonciateurs avec leurs déclarations ;

5°/ l'énumération des objets saisis comme pièces à conviction.

ໝວດທີ ໓

ວ່າດ້ວຍວິໄນຂອງພະນັກງານຕຸລາການ -

ມາຕາ ໙ - ຂ້າລາຊຸກການບ່ຳຍະບກການ ຂ້າໄດ້ຮັບບໍນຈາຫ້ກການຖານເນຍບຸກໍຫັນ ເມື່ອ ເກີດຸຽບ່ວມີກການກະະທ່ວຜຶ່ ໃນງວນຄະຂຸໂຫຣ ໂຫຮ່ຽບຸໂຫຣ ຂະບຸໂຫຣ່ໄດ ເຮີ່ງຂຶ້ນໃນເຫອາຫ້ຂອງການ ດ້ວງວ່ວຜຶ່ກ້ຣຄວຂະ ຣວຽບັບ ໄດ້ຮ້ອ່ຍຜ່ນຫ້ ດ້ວຽດ້ວນໄກ ໆ ກໍ່ດ້ ຫອ່ຽບ່ຳເຫາຄ່ການບອນບັບບໍ ເບຶ່ຂອ່ໄບ້ບາໂງບນວ່ວານ ຖ໌ະອ່ວຫ່ອ່ຫ້ຽຮັບໄບເຫ້ບໄດ ຄ່ຽຫາຂກະຫ່ບກການກະຫ່ວຜຶ່ ໆ ໃນຄ່ຽບ ໂຫຮ່ຽບຸໂຫຣ ຫ້ຽຂະບຸໂຫຣ ເຫ່າຄ່ຽະຫ່ບກການກະຫ່ວຜຶ່ ໆ ໃນຄ່ຽບຄະ ຣຸໂຫຣ ຫອ່ຽໂບ້ບ່ວເຫາຄ່ການບບບ ເບຶ່ຂອ່ຄ່ຳຫາໂງບບ ວ່ວານຖ໌ະອ່ວແຂອ -

ມາຕາ ໑໐ - ຂ້າລາຊຸກການແລະຍະບ໌ກການເຫ່ົ່ຽບບ ຫອ່ຽຫ່ວຂຸບຫາຣ່ຽບັບຫ້ຳ ວິຈ່ຳເຫ່ຂຽັ່ຄວວມ ຂ້ຽເຮ່ໄດແຣວຣ່ອ່ຽຍຶ່ຂ່ຳຄ່ຽທ່ຳຄາຍ ກັບຫ້ຽຍ່ບແຮ່ຽກການ ຣຶ່ບວ່ຽຂອ່ຽຄາຍບບ່ຳດ່ຽ -

ມາຕາ ໑໑ - ໄຣ່ວິຽຂບ່ຽບັບຫ້ຳກບັບຫອ່ຽຄຸ້ບຂຽ :

໑ - ຂຸ້ບຣຄ່ວ່ຣກ ແລະຫ້ຳຂຶ້ຽຂອ່ຽຂ່ວຽຣ່ວ່ໍ່ຽໆ ຜ່ຽ໌ໄດ້ທ່ຳວິຽຂບ່ຽບັບຫ້ຳກບັບ -

໒ - ວ່ບຫ້ຳແລະຕ່ວບບ ຂຶ່ຽໄດ້ຫ່ວ່ວິຽຂບ່ຽບັບຫ້ຳກາບັບ -

໓ - ຣ່ວຽເຫາຄ່ຂ້ຽຊ່ຽແຄ່ເຫ້າບ ແລະຂະຄ່ການຣ່ຽ໌ໃຣເຕ່ວ່ໆ ໆ ຂ້ຽຣ່ຽຂຸໍ່ກເຫ້າບ ຂ່ຽຂະເບີ່ບຫ້ຽກຄ່ຽວຣ່ຽກກບັບຜ່ຽ໌ກ້ຽບຫາຣໄດ້ ແລະຂະໆ ຂະບ່ຳເຫ້າ໌ຽບ ບ່ວບເຫ້າບຜ່ຽ໌ກ້ຽບຫາຣໄດ້ ຄ່ຽບ່ຳ່ບຣ້ຳຕາຣ່ຳຜ່ຽ໌ກະຫ່ວ່ຜຶ່ຽບັບ -

໔ - ຍອກຍ່ຽວບ ຫ້ຽຜ່ຽ໌ບອກ ຍອນດ່ຽຄ່ຳເຫ້າກການຂອ່ຽເຮ໌ -

໕ - ຣ່ຽຂຸໍ໌ຽຂອ່ຽຂ້ຽວ່ບໄດ້ເບີ່ນຂອ່ຽກຄາຣ -

Ces procès-verbaux seront signés par l'autorité de laquelle ils émanent et revêtus de son sceau. Ils feront conduire en même temps devant le Président du tribunal indigène, s'il s'agit d'un délit, devant le Président du tribunal provincial, s'il s'agit d'un crime, les individus arrêtés en flagrant délit ou formellement dénoncés comme étant les auteurs de l'infraction.

ARTICLE 12.

Les objets saisis seront empaquetés avec soin, si faire se peut; ils seront mis dans une boîte, vase ou sac qui seront scellés du sceau de l'autorité ayant procédé à la saisie.

Ces objets seront transmis et déposés au greffe soit du tribunal indigène soit du tribunal provincial.

Les animaux, véhicules, embarcations, machines, matériaux été.. saisis seront mis en fourrière au lieu où ils auront été saisis et donneront lieu à la perception au profit du Trésor de droits tarifés conformément aux tableaux annexés au présent code.

ARTICLE 13.

Les fonctionnaires et agents chargés de la police judiciaire devront procéder à toutes les enquêtes judiciaires ou opérations de police dont ils seront chargés par les Présidents ou Juges des tribunaux. Ils dresseront à cet effet des procès-verbaux

SECTION IV

Des autorités poursuivantes

ARTICLE 14.

Le Juge assesseur du tribunal de 1er degré spécialement chargé de l'instruction des affaires pénales ainsi qu'il est dit aux articles 8 et 9 du code de l'organisation judiciaire et le

ຂອງຜູ້ບານງານທີ່ເຫັກເຫຼົ່ານັ້ກລັງທີ່ເຫົ້າອວງງາ ຣໍ່ຜູ້ທ່ວງບັບເຊຶບຕຸ ແລະບໍ່ະ
ຫັບຕາງຂອງກິນໄວ້ - ອາງງານໍ່ເຫຼົ່ານັ້ນຕາງລັງຄັບໂຕ້າຄຸມໄຊຍອມຫຼ່
ບານງບັບຫຶກຜູກະຫ່າຍໍ່ຽຽງຈັບໄຕ່ຄວ່ຫັ ຫ້າຜູ້ຄຸກຫາວຄັກແນ່ວ່ວເຊິນຕາບ
ມຸະນະເຫາາແບາງກວນກະຫ່ວຍໍ່ຽບໍ່ໄຫິຫາວຫ່າວບັນ໐ສ່ວນບິະ໑່ແຊາ ຄ຺ບ
ແມນຍໍ່ໄຽຄວນຄະນຸໂຫຼ ແລະເຫິຫາວຫ່າວບັ໐ສ່ວນບິະ໑່ເນ຺ືອງ ຄ຺ບ
ແມນຍໍ່ໄຽຄວນໂຫຼຽງບຸໂຫຼຫ້ານະຫຼຸໂຫຼ -

ມາຕຣາ ໑໒ - ສໍ່ຂອງຫ້ອບໄຕ້ຫ້ອງຫ່າໂຕຽຄໍ່ໄວ່ເນແອບ ຫ້າຫ້ຶບໄບາ ຽງຽຂມ ຫ້າຈ຺ິ
ແຮງມໍ່ຽ ໂຕຽຄໍ່ຖ່ຽບຶະຫ້ບຕາວຶຄ຺ຽຂອາງ່ງາຊໍ່ຜູ້ຈັບບັບໄວ່ -
ສໍ່ຂອງເຫຼົ່າຂໍ່ຕອງຊໍ່ໄຽິງ່ງໂຽະຫ້ວ່ວກວນຽອງຍ່໐ສ່ວນບິະ໑່ເນ຺ືອງ
ຫ້ຶສ່ວນບິະ໑່ແ ຽງ -

ວິທິ ກຽນ ຽອະແຍຈັກະບານ ແລະຄຶ່ອງຽອງຄ່າໆໆຽໍ່ຽຈັບໄຕ້ນັ້
ຕ຺ອງມອບໄວ້ກັບ ໂຽງຊໍ່ໄບຫ້ອງຫ້ຶຽໍ່ຽຈັບໄຕ່ນັ້ ແລະຕ຺ອງໄຕຸ້ກຽຂ຺ຄ຺່
ຫ່ວຽຽງຽນຄ້າໆຫ່າງໆການຂໍ່ຽ຺ງ່ຫໍ້ມໂຽໄບກ຺ໄຽບນວຽນະບັບບ຺ິຕ຺ອງ -

ມາຕຣາ ໑໓ - ຂິ຺ວ່ວຂຸກ຺ວນແລະພນກງານ ຜູ້ຮັບ຺ບຫວ຺ຫ຺ຶການບຜະເຫາຽບຸຕ຺ິຫັ຺ນບັ຺
ຕ຺ອງຽຸກ຺ວນຮັ຺ບ຺ສງວຽຜ຺ຂໍ່ຽຸຕ຺ຶຫັມ ຫ້າການຕ຺ງຊ຺ຕຽຽຫຸກຆ຺ຽຽ຺ຂໍ່ໆ຺ຈໍ່ຽຂໍ່ຽຫາວຫັ຺
ນ຺ວບ ຫ້າຜູ້ຍ຺ຶພຍວກ຺ຖ຺າ຺ຈະໄຕ຺ບ຺ຖ຺ຄ຺ບໂຽ຺າຫ່ວ ຂິ຺ວ່ວຂຸກ຺ວນແລະພຍະນ຺ກ຺ການ
ເຫຼົ່ານ຺ັບ຺ຈະກ຺ອງໆໄຕ຺ຫ່ວຂໍ຺່ໄຽບ຺ານງບ຺ານຫ຺ຶກຫ຺ຸກໆ຺ຫ຺ -

ໝວດທີ ໔

ຂອງງານຜູ້ຜູ້ມີອ່ານາດຽກໍ່ໆນອບ

ມາຕຣາ ໑໔ - ຽຄ຺ວ຺ກວນແຫາຽຫ຺ໍ່ແບ່າງສ຺ວນຂ຺ຸຽຕ຺າບ ຽ່ວບັບແຕ຺່ການໄຄ່ສ຺ອງຄ຺ະຕ຺ືອງຽຽຂ
ຄ຺ອງ່ໄບ ມາຕຣາ ໔ ແລະ ໔ ແບ່າງກ຺ຖ຺ະ຺ນ຺ຽຽຕາງ຺ແຕ຺່ງຽຸຕ຺ິຫັ຺ມ ແລະຫາງຫັ຺ວ

Président du tribunal provincial pour les affaires correctionnelles dont la connaissance a été réservée à ce tribunal, et pour
les affaires criminelles, ont qualité pour procéder à toutes les
opérations préalables à la mise en jugement des auteurs présumés des infractions commises dans leur ressort.

ARTICLE 15.

Cependant le Président du tribunal Provincial pourra donner délégation aux juges instructeurs près les tribunaux indigènes pour toutes les affaires ressortissant à cette juridiction
à l'effet d'accomplir certains actes de la procédure d'instruction
ou même cette procédure toute entière.

ARTICLE 16.

Les actes qu'il appartient aux magistrats chargés de l'instruction d'accomplir consistent principalement, si toutefois les
fonctionnaires et agents chargés de la police judiciaire et dont
il est parlé ci-dessus ne l'ont pas encore fait ou d'une façon
insuffisante,

1°/ à se transporter sur les lieux de l'infraction ;

2°/ à y effectuer eux mêmes toutes constatations, toutes recherches, perquisitions ;

3°/ à procéder à toutes saisies ;

4°/ à faire procéder à toutes arrestations qu'ils estiment
justifiées.

ARTICLE 17.

Les magistrats instructeurs doivent d'autre part procéder
soit sur les lieux des infractions, soit au siège même du tribunal, à tous interrogatoires, auditions de témoins, confrontations des témoins entre eux ou des prévenus avec représentation
des pièces à conviction aux prévenus, aux plaignants et aux
témoins.

ສານປະຊຸມຊ່ວຍເວລາ ສ່ວນຫລັບການກະຫວ່າຍຢູ່ໃນຄວາມໂຫລວ2ຍໂຫຽ ຊຶ່ງຕົກ
ຢູ່ໃນບນວ2ຫ້າຂອງສານປະຊຸມຊ່ວຍແຂວງ ແລະສ່ວນຫລັບການກະຫວ່າຍຢູ່ໃນຄວາມ
ຄະຣຸໂຫຽ ມີອ່ານວ2ຸຈຸ້ການວ2ຍຫຸກ ໆ ຍ່າຍການບຈະລວດຄ່າພັນຍວກລຽວຕໍ່
ສ້ບຈ່ວຍຍວກຄືບຊໍວ2ໃນວ່າໄດ້ການຫວ່າຍຢູ່ຂໍ້ໃນຫວ່ງຫ້າຂອງຫ່ວນ -

ມາຕຣາ ໑໕ - ແຕ່ວ່າຫາວບນ້ວສານປະຊຸມເວ່າແຂວງ ຈະມວບອ່ານວ2ຸຂອງຕົນໄປຫ້າຕ່າງ2
ການເຈ້າສນຂອງສານປະຊຸມເວ່າເມື່ອງກໍ່ໄດ້ ເພື່ອວຸ້ການເຈ້າສນວຂໍໄດ້ຍບົ5
ຫຽ້ຫຸກ ໆ ຊໍແວ່າການບຽວຊປຽວເບ່າຍຄະຕໍ່ຂ້ະຕົກຢູ່ໃນວ່າ ນຊ5ຂອງສວບບັ5ເປັ5
ຜູ້ພັນຍວກລຽວ -

ມາຕຣາ ໑໖ - ໃນຄະຣະເມື່ອຊໍ້ຣວ2ຸການ ແລະພະນັກຫ2ວບ ຊໍ5ເປັນຜູ້ຕຣ2ະເວບການ
ບຈໍຫມັບ2ໄດ້ວ່າມາແລ້ວໃນບນບັບ ຢ່າບ2ບຫັບໄດ້ຫວ່າບຫ້າໄດ້ຫວ່າແລ້5 ແຕ່ອ່ຽບ
ລະອຽຸ5ຄບຈບັ5 ການເຈ້າສນ ຊໍ5ກຽ2ການບຈະໄດ້ຍຸຫວ່າຕໍ5ໃຫ້ບັ5 ເປັນ
ຕົບວ່2 -

ຫ້ຍະການ ໑ - ເອົາຕາລ2ໄປໃຮ່ຄຸ້ຫັ5ເຫລາຄຸ2ເຄີ5

ຫ້ຍະການ ໒ - ຊຸ້ການບຈຽ2ຽ5ຫລຽ2ເອ2 ການຂຸ2ຄຸຫາ2 ການຄ6ບເຫາ2ຫຸກຍ່າ2

ຫ້ຍະການ ໓ - ຊຸ້ການຮ5ບລ້5ຍບ5ຣ5ຍຂອ2

ຫ້ຍະການ ໔ - ຊຸ້ການຈບັກຸມ ຊໍ5ເຫາບຄວບວ່2 ຕາຣ2ໄດ້ຊຸ້ຫວ່2 -

ມາຕຣາ ໑໗ - ຫ້ກບິຣະການບນ5 ຈຽ2ການບຜູ້ເຈ້າສນບ ຕຊ52ຊຸ້ການບ5ຄວ2ນ ແລະ
ບຽ່ຍຍວກພຽວບ ແລະໃຫ້ພຽວບກ່5ບ້ຽວກກ6ບ ຫຽ້ໃຫ້ຜູ້ຕຸ້ກ ຫາວ2ຕ6ບ້ຽວກກ6ບ
ພວມຄ5ຽ ເວ2ຫ້າ5ຕກຣ2ວ2ຂອ2ກາຣ2ອອກ2ຊ5ໃຫ້ຜູ້ຕຸ້ກ ຫາວ2ຜູ້ຣ5ຮ6ຫຸກ ແລະ
ພຽວບກຸ5ໃບຫ້5ເຄ6ຽເຫາຄຸ2ເອ2ນວ5 ຫຽ້ໃນຫ6ບ5ຣະຊຸມສວບ -

Ils peuvent requérir l'assistance d'experts.

Les règles prescrites pour les enquêtes en matière civile et commerciale devront être observées par les juges instructeurs. Les témoins et les experts seront taxés de même lorsqu'il y aura lieu.

ARTICLE 18.

Les magistrats instructeurs sont assistés obligatoirement dans leurs opérations par le greffier, qui doit écrire sous leur dictée, les procès-verbaux des divers actes accomplis en vertu des articles précédents.

Ces procès-verbaux doivent mentionner avec le nom du Juge et du greffier, la date et le lieu de leur accomplissement. Ils doivent relater fidèlement les constatations faites, les interrogatoires des prévenus et les dépositions des témoins. Il sont signés du Juge et du greffier. Les témoins signent avec eux les procès verbaux de leurs dépositions après la lecture qui leur en a été faite et les prévenus ceux de leur interrogatoire. S'il ne savent signer ou refusent de le faire, mention doit en être faite.

ARTICLE 19.

Lorsque, après examen du fait qui lui est signalé, le Juge instructeur estime que ce fait échappe à sa compétence et se trouve être du ressort, soit d'un tribunal provincial, soit de la juridiction française, il doit transmettre immédiatement le dossier au Commissaire du Gouvernement de la province qui transmet à la juridiction compétente.

ຫຼະກວນຜູ້ເຕົ່ນງນຈະຮັກເອົາຜູ້ນ່ວນຫວນນວຂຸ່ງນຫັຮຸ ຈຶກກໍໄດ້
ຣະບບອັງຈນ່ເຫຼບິກນວນໂຕ່ນງນໄນະແນນກແນຍຸແລະຄຸຊຊ, ຕອ່ງ
ໃຫ້ກຼະກວນຜູ້ເຕົ່ນງນບິຕຳບຸ່ໃຫ້ຕຸກຕອ່ງຕາມຫຸກຫ່ງ-
ຖ້ງຫວກເຫົ້ານ.ມຄວນຈະ ໃຫ້ຄວງນິງກວນແກນຍງນແລະຜູ້ນ່ວນນວ
ເຫຼງວນ່ນກໍໄດ້-

ມາຕຣາ ໑໘ - ຫຼະກວນຜູ້ເຕົ່ນງນໃນຄະນະວ່ກວນງຂ່ໄກຸ່ບນ້ງ ຕອ່ງໃຫ້ທ່ານຍ້ນ
ດ້ງຈ່ວນ່ວນຮຸ່ງຕ້ງຈະເຊີນຜູ້ຮຸ່ງທ່ວ່ຮຸ່ໃນ.ວງບນຫ້ກເຊີນຈຳກວນບຕ້ງຫງນ
ຄ້ບອກຂອງຂຼ.ກວນໃຫ້ຕຸກຕອ່ງກວນນ່ບຸ່ດຄບຊ້ງມິໃນມວຽຊວບິບິ-
ວິ.ຼບນວງບ່ນຫຶກເຫຼງວ່ນ ຕອ່ງລິງ້ນ່ຫຶ ແລະບອກຫ້ຖວນ ຂ້ງໄດ້ຫ້ະ
ຍອນດ້ງຼູ້ຂອງຼາກວນແລະຈ່ວຈວນ-

ວິ.ຼບນວງບ່ນຫຶກບ້ນຕອ່ງບອກເຫຼງ.ໂດຍງນຮຸ່ ຫ້ມິຈກວນຕວງ ໆ ຂ້ງໄດ້
ກວງ.ເຫົ່ນແລະ ຄ້ນໃຫ້ກວນຂອງຜູ້ຮຸ່ກຫວນແລະຂອງຍງນ ແລນງຕອ່ງໃຫ້
ຫຼາກວນແລະຈ່ວຈວນລຼ.ເຊຸບຮຸ່-

ຍງກຍງນແລະຜູ້ຮຸກຫວນຫຸ້ຫຼາ.ຼເມື່ອໄດ້ຍ້ງວງນຄ້ນໃຫ້ກວນຂອງ
ຕິນແລ້ງກໍຕອ່ງໄດ້ລິ.ເຊຸບຂ້ຂອງຕາມຍອນດ້ງຼຼາກວນແລະຈ່ວຈວນ-

ຖ້ຈ່ວຍງນ ຫຸ້ຜູ້ຮຸກຫວນຫວກນບຸ້່ຮກເຊຸນຮຸ່ ຫ້ບຍອນເຊຸບຮຸ່ ກໍຕອ່ງ
ຫຼາ.ເຫງຕຸໂຄໃນວິ.ຼບນວງບ່ນຫຶກ.ນະບບ່ນ້ບ-

ມາຕຣາ ໑໙ ເມື່ອກຼະກວນຜູ້ເຕົ່ນງນໄດ້ນບນະຊຸ.ຼເຫງຕຸເຮຶ່ງຍບນ້າແລງ ເຫົ້ບນ່
ເຫົ່ນຕຸເຮຶ່ງນ້ນ ບ່ກກ.ຊ້ໃນຈ່ວນຊຸຂອງຈບ ຈະໝ່ຍນກຼຸ.ໄດ້ແລະເຊີນເຫງຕຸ
ຂ້ງຈກຊ້ເນຈ່ວນຊຸຂອງຈວນບິຈ່ນແນງ/ ຫ້ຼຂອງ.ນນບຳໝຮັນຜູ່ະ.ນຸ ກໍ
ຕອ່ງໃຫ້ຼາກວນຜູ້ນັນລິ.ງນຊຸ ຼນ່ວນຮນຕະດິເຮຶ່ງນ້ນ ເຊ່ວ່ຫ່ວນຈະຫຶ
ບດຜູ້ຣກຄ.ຂອງແຂງງໃນຫ້ນໂຄ ຂ້ງຈະໄດ້ລິ.ໄຮ້ຍ່.ນວນບ່ຫຶມ່ອນບຸຕ່ໄຮ້ອກ

S'il y a conflit de juridiction, ce conflit est réglé ainsi qu'il est dit aux articles 153-154 et 155 du code de procédure civile.

Néanmoins, le Juge instructeur le premier saisi doit procéder à toutes opérations qui présentent un caractère d'urgence absolue et dont le moindre retard rendrait leur accomplissement impossible. Les procès-verbaux de ses opérations sont adressés ensuite au Commissaire du Gouvernement de la province ainsi qu'il est dit ci-dessus.

ARTICLE 20.

Hors les cas de crime ou de délit flagrant ou de dénonciation formelle ainsi qu'il est prévu aux articles 3 et 11 ci-dessus, aucune arrestation et aucune incarcération ne peuvent être opérées sans un ordre écrit du Juge.

Ces ordres ou mandats de justice sont :

1° — le mandat d'amener ;
2° — le mandat de pépôt ;
3° — le mandat d'arrêt.

ARTICLE 21.

Le mandat d'amener est un ordre du Juge donné à tous fonctionnaires et agents de la force publique d'appréhender et de conduire devant lui tout individu prévenu d'une infraction pénale susceptible d'être sanctionnée par une peine d'emprisonnement.

ຂ້າວງານແຫ່ງ ຮັບແຂ່ງອ່ວນ ກ່ຽບ ກ່ອນະໄດ້ເຈັ້ງ ໃນເຫົ້າ ຄຶກ ພອ້ງກັບ
ເໝື້ອນໄດ້ວ່າໄວ້ໂນ ມາຕາ ໑໕໓ - ໑໕໔ ແລະ ໑໕໕ ແທ່ງ ກິ ຫນວ ຍແນ່ວງະ
ນ2ຄວ2ມແນ່ງ ๆ -

ແຕ່ງວ່າ 2ການ ຜູ້ໄດ້ງານະແຫ່ງ ຊວ2ບ ຫ້ຂ2ບ ເຫົ້າ ບາ ກ່ອນ ບນ່ບ ຜ້ນ ຕອ่ๆ
ຜູ້ການ ຍໍ່ງວ2ະ   ເ.ນ2ບ ໂນ ຊໍ່ ກວ2ບ ຍໍ່ ເຫ2ບ ວ່າ ຕອ้ๆ ຄວ2ນ ໄດ້ ະນ ໂນ ເລ0 ๆ
ແລະ ຜູ້ ຫ້2ບ ວ2ການ ເຈຶ່ນ ວ່າ ນ້ໂບ ນ້ ຈ ກ່ ດ່ ກ່ອ2 ຈ ຈະ ະ ເນ2ໃຫ້ ກ: ນ ໄດ້ ະນ ບຶ ດ0ກ
ແລະ ບຸ ຄຄ2 ຂ້ ໄດ້ -   ແລ0ນ ຕອ້ ໄ່ ໂ ຢໍ ຍ ບນ2ຍ ບ ນ ນ ກຶ ຫຮ້ ຍ2ຍ ເຈີ ຍໍ່ ຫ່ ນ
ະ ກ່ ບ ດໍ ຜູ້ ຍ ຄ0/ແຮ0 ຍ ເນ້ນ ນ ເຈ່ວ2ນ2ແລ0 ນ້

ມາຕາ ໒໐ -   ນອກ2ອ2ກ2 ການ ກະ ຫ່ວ2 ຍໍ່ ໂນ ຂ2ບ ຊ2 ຄ2 ນ ຍ້ ການ ກະ ຫ່ວ2 ຍໍ່ ຮ ກັ ບ ໄດ້
ຄວ2ຫໍ ຍ້ ຄຶ ກ ບ2ວ ກ ຄ: ຫ່ ກ້ ໄດ້ ວ່າ ໄວ້ ໂນ ມ2ຕ2 ໓ ແລ0 ໑໑ ບ ນ ບໍ ຈະ ຈບ ກຸ ນ
ແລະ ກ້ ກ ຊ້າ ຜູ້ ກະ ຫ່ວ2 ຍໍ່ ຮ ບ0 ບ ໄດ້ ແລ0 ຕອ້ ບ ນ້ ຂ ບ ກ2 ບ ເນ0 ຕ0 ອ້ ກ ລ0 ນ ຂ0 ๆ
ຫ2ຍ0 ກ2ບ ເລ່ງ ກ2ຍ -

ຂ ບ ກຄ2 ບ ເ ກ່ຽ2ນ້ ນ -

໑ - ຂ ບ ກຄ2 ບ ເຫົ້າ ຈ ກ2 ວ2ຈ ຜູ້ ກະ ຫ່ວ2 ຍ 2 ເໝ2 ນ2 ວ2 ນ -

໒ - ຂ ບ ກຄ2 ບ ເຫົ້າ ບ ຕ2 ວ2 ຈ ຜູ້ ກະ ຫ່ວ2 ຍ 2 ເໃ -

໓ - ຂ ບ ກຄ2 ບ ເຫົ້າ ກ2 ກ 2 ຜູ້ ກະ ຫ່ວ2 ຍ 2 ๆ -

ມາຕາ ໒໑ -   ຂ ບ ກຄ2 ບ ເຫົ້າ ນ2 ວ2 ຈ ຜູ້ ກະ ຫ່ວ2 ຍໍ່ ເ ກ2 ວ2 ນ2 ວ2 ນ   ແ ມ່ ນ ຂ ບ ກຄ2 ບ ຂ0 ๆ ຫ2ຍ0
ກ2ວ2ນ ເຫົ້າ ກ່ ຂ2 ວ2 ຂຸ ກ2 ວ2 ນ ແລ0 ນຍ0 ບ2 ກ2 ວ2 ນ ຍໍ່ ຍ້ ອ່ ວ2 ນ ๆ ແ ່ ນ ຄຶ ນ ເໝ0 ນ2 ບ
ແລ0 ຄຸ ນ ຕ2 ຈ0 ເ ຂ0 ນ ກ2 ຍ ບ2 ຍ2 ວ2 ນ   ບ ກ2 ຄຶ ນ ຍ້ ຄຶ ກ ບ2 ວ2 ວ່າ ໄດ້ ກະ ຫ່ວ2 ຍໍ່ ຍ ໂນ ກ້
ນ2 ບ2 ຂ0 ວ2 ຍ0 ແລ0 ຄວ2 ບ ລ0 ໂ ຫ່ ຍ ຈ2 ຄຸ ກ -

Il peut être décerné également contre tout auteur ou présumé auteur d'une infraction quelconque qui ne s'est pas rendu à la convocation qui lui a été adressée.

Il peut être de même délivré contre tout témoin régulièrement convoqué qui ne s'est pas présenté au jour fixé et n'a pas fait parvenir d'excuse valable.

ARTICLE 22.

Ce mandat est ainsi libellé :

L'an................le.............:...et le   (mois et jour)

Nous (nom et titre) juge instructeur près le tribunal de......
.........ordonnons à tous dépositaires de l'autorité et à tous agents de la force publique d'amener devant nous le prévenu (nom, âge, profession et domicile) pour être entendu sur les inculpations dont il est l'objet.

(ou) le témoin défaillant qui, régulièrement envoqué, n'a pas comparu et n'en a fourni aucune excuse valable.

Et avons signé et scellé de notre sceau le présent mandat pour être exécuté sans délai.

Ce mandat est exécutoire dans toutes les provinces du Laos.

ຂໍ້ບັງຄັບອັນນີ້ຈະໄຊ້ບັງຄັບອີກ ໃຫ້ແກ່ຜູ້ທີ່ເປັນເຈົ້າໜີ້ ຫ້າມມິໄວ່າ
ຜູ້ເປັນເຈົ້າໜີ້ທີ່ໄດ້ກະທຳຜິດຕາມກົດໝາຍຊຶ່ງເຄຍນີ້ ຊຶ່ງບໍ່ເຈືຈານສ່ວນ
ຄວາມເສຍຫາຍທີ່ໄດ້ມອບໃຫ້ແກ່ເຈົ້າໜີ້ນັ້ນ -

ຂໍ້ບັງຄັບອັນນີ້ຈະໄຊ້ບັງຄັບອີກ ໃຫ້ແກ່ພວກນາຍຈ້າງຊຶ່ງຖືກເຄາະເຈີຍມາ
ສ່ວນຄວາມເສຍຫາຍແຕ່ເມື່ອເຄີຍກວ່ານັ້ນບໍ່ໃຫ້ເຈືຈານສ່ວນເຈົ້ບໍ່ເຈືຈານທີ່
ບໍ່ມີເຫດຄວາມສ່ວນຄັນເປັນທ້ານບໍ່ຖືໄຊ້ໄດ້ -

ມາຕຣາ ໒໒ -   ໜັງບັງຄັບສະບັບນີ້ຕ້ອງໃຫ້ມີໄຈຄວາມດັ່ງຈະສວ່ຕໍ່ໄປນີ້ :

ປີ ______________ ວັນທີ ______________ ເດືອນ ______________

ພວກຂ້າພະເຈົ້າ (ຊື່ແລະບັນດາສັກ) _________________________

ຕຣາກາຍຜູ້ໄດ້ສ່ວນແບ່ງສ່ວນ _________________ ບັງຄັບໃຫ້ແກ່ບຸກຄົນ
ທີ່ຫຼ້າວຊຶ່ງມີອ່ວນຂ້າວຽງ ແລະພະນັກງານທີ່ຫຼ້າວຊຶ່ງຖ້ອ່ນວຽແຍບ
ຄື (໑) - ເຈົ້າຊຶ່ງຕົວຜູ້ຖືກບາວຂຸ _____________ ອາຍຸ _________ ວິຊາບາວການ
_________ ຊື່ທີ່ ______________ ມາໃຫ້ພວກຂ້າພະເຈົ້າເຊື່ອຈະໄດ້ນອບ
ຄວນໄນຄວາມຊຶ່ງເຈົ້າບາວວ່າຜູ້ມີຂຸບບົນບໍ່ໄດ້ກະທຳວຊຶ (໒) - ເຈົ້າຊຶ່ງຕົວນຽວານ
ຂຸ ______________ ອາຍຸ _________ ວິຊາບາວການ ______________ ຊື່ທີ່ ______________

ມາໃຫ້ພວກຂ້າພະເຈົ້າ ນຽວານຜູ້ບໍ່ໄດ້ຖືກເຄາະມາສ່ວນແລ້ງຄວາມເສັ່ນນຽງ
ແຕ່ບໍ່ຍອມມາໂຈຼກທີ່ບໍ່ໄດ້ຂຸ ເຈົ້າເຫດຄວາມຊຶ່ງເປັນທີ່ໃຊ້ໄດ້ໃຫ້ຂຸບດັ່ງ -

ພວກຂ້າພະເຈົ້າໄດ້ເຫຸບຂຸ ແລະວິະທັບຕາ ເຣ່ໜັງບັງຄັບສະບັບບີ້ຂຸ້ຕ້ອງ
ຈະໄດ້ຢູ່ຕາມໄນທັບໄດ -

ໜັງບັງຄັບສະບັບນີ້ໃຫ້ໄຊ້ໄດ້ໄນທຸກແຂວງໄນຣັຊເຂດ ສວາ -

ARTICLE 23.

Le mandat de dépôt a pour effet de placer le prévenu sous la main de justice et de le faire incarccérer immédiatement.
Il ne peut être mis en liberté que sur une décision de justice.

ARTICLE 24.

Le mandat de dépôt est ainsi libellé :

Nous (nom et titre) juge instructeur au tribunal de ....
ordonnons à tous agents de la force publique de conduire à la prison de......... .... le prévenu...............
Enjoignons au gardien de la prison de l'y recevoir et de le garder jusqu'à nouvel ordre à notre disposition.
Requérons tous dépositaires de la force publique de prêter main forte à l'exécution du présent mandat que nous signons et scellons de notre sceau.

ARTICLE 25.

Copie de ce mandat est remise au gardien de la prison qui le transcrit sur son registre d'écrou : l'original est retourné au juge d'instruction après mention par le gardien de l'incarcération.

ມາຕຣາ ๒๓ - ໝວຽບັງຄັບໄຫ້ຈັບຕົວສ່ວຍບ້ານ ເຈົ້າຜູ້ຄຸກບາງມັນບໍ່ໄປເຄອົ້ມນ໌ ຂອງ
ສວນທຸກເຫຍ ແລະຄ້ວາຕອ້ງກາງນະກັກຂ້າຜູ້ຄຸກຫາງເຫຍໄດກໍໄຫ້ທ່ວໄດ້
ໄປຫ້ານເດ -

        ຜູ້ຄຸກບາງມັນ ຣະຖຶກປ່ອຍອອກໄດ້ແຕ່ລະຄ້ວາເມ່ອສ່ວນອອກບງຄັບໄຫ້
ຍງ -

ມາຕຣາ ๒๔ - ໝວຽບງຄັບໄຫວຈັບຕົວກັກຂ້າໄວ້ນນ ຕອ້ງໄຫ້ມີໄຈຄ້ວາມຄ້ວຈະລ່ວຕ່
ໄປນີ້ -

        ພວກຂ້ວນະເຈວ (ຊຶແລະບັນດາສັກ) ຕວກາງຜູ້ໄຕ່ສບແບ່ງສວນ
ທ   ບງຄັບເຈົ້າພະນັກງວນທຸກ ໆ   ຕ່ວແຫ່ງຊງ
ຄຸອ່ວນກຸຂອງແຜນດນເຈົ້າຄຸມຕົວ   ຜູ້ຄຸກບາວມາຈ່ວເ
ບະຄຸກທ້

        ບງຄັບເຈົ້າຫ່ວມະໂຮ/ຮັບຜູ້ຄຸກບາວຜູ້ບໍ່ໄວນະຄຸກແລະໄຫ້ຮັກຊາໄວ້ເພື່ອ
ຈະໄດ້ສງຕົວໄປພວກຂ້ວນະເຈວຂງວາຕອ້ງການຈົນເຖງໄດ້ຮັບບງຄັບໃຫ່ມອກ
ບງຄັບເຈົ້າບຸກຄນເຫງບ້າງຊງຄຸອ່ວນບຸຂອງແຜນດນຢ່ງໂດແຂງແຮງ
ໃນກາງຈະຊມຫ່ວຕາມບງຄັບສບັບນີ້ ທັພວກຂ້ວນະເຈວໄດ້ລງຊຸບຊແລະ
ຣິຫບຕາໄວ້ເປັນສ່ວຄນ -

ມາຕຣາ ๒๕ - ຈະໄດ້ມອບສ້ວ/ໝວຽບງຄັບສະບັບນີ້ ໄຫ້ແກ່ຫ່ວມະໂຮງສະບັບໜງ
ຊງຈະໄດ້ໃຫ້ໝວຽເຈໄປນບວນບຸອ່ວນກັ ໄຫຊ່ວນສະບັບເຕມແບ່ງໝວຽບ
ງຄັບນີ້ ຕອ້ງໄດ້ສງຄນໃຫ້ບງຕຸງກາງຜູ້ໄຕ່ສບ ແລະກ່ອນຈະລຄບ ຕອ້ງ
ໄຫ້ຫ່ວມະໂຮງອງໝວຽເຣ່ໄນນນ ວ່າໄດ້ກັກຂ້າຜູ້ຄຸກຫາວ ຕາມບງຄັບ
ເສງແລວ -

ARTICLE 26.

Le mandat d'arrêt doit être décerné contre tout individu prévenu d'un crime ou d'un délit et qui est absent ou en fuite. Ce mandat permet à tous dépositaires de l'autorité d'arrêter et d'incarcérer l'inculpé là où il a pu être trouvé.

Lorsqu'un mandat d'arrêt est décerné, avis doit en être donné sans délai par le Juge au Commissaire de la Province qui en avise à son tour ses collègues et éventuellement les autorités françaises et étrangères des pays limitrophes, pour parvenir à l'arrestation et l'incarcération. Si le mandat d'arrêt a pu être exécuté avis doit en être donné immédiatement par l'intermédiaire des mêmes personnes indiquées ci-dessus au juge qui l'a décerné et l'inculpé doit être conduit devant lui.

ARTICLE 27.

Le mandat d'arrêt doit énoncer le fait qui y donne lieu et contenir le texte des articles de la loi qui le punissent, il doit être ainsi libellé :

Nous (nom et titre) juge instructeur près le tribunal de . . . . mandons et ordonnons à tous dépositaires de l'autorité et agents de la force publique de se saisir de la personne du nommé . . . . inculpé

ມາດຕາ ໒໖ - ໜ່ວຍບໍລິການໃຫ້ຈົບຕົງ ຕ້ອງອອກໃບແກ່ບຸກຄົນທີ່ຖືກຫາ ລ່າກະ
ທ່ວຢຜູ່ໃນຄວາມຄະນຸໂທດ ບ້າໂທດຽວບຸໂທດ ແລະເມື່ອບຸກຄົນຜູ່ນັ້ນ ບໍ່ຢູ່
ບ້າໂທພບັນ ໜ່ວຍບໍລິການໃຫ້ຈົບຕົງນະບັບນີ ະນຸບຽກ ໃຫ້ແກ່ຜູ່ຖືກຖ້ອຢ
ບຽຽວຂ່ນ ກັບຈັບ ແລະກ໌ດັກຂ້າຜູ່ຖືກຫາວໄວໃນທ່ອຢທີ ຂ້ອຢບຜູ່ຖືກ
ຫາວເດັບນັ -

ເມື່ອຖຽວການໄດ້ອອກບໍລິການໃຫ້ຈົບຕົງຜູ່ເດຜູ່ບໍງແລ້ງ ຖຽການຜູ່
ນັ້ນ ຕ້ອຢຄ່ບຄວາມເຫົາທ່ວນະທີ່ຄໍຜູ່ຊີກຄອຢແຂ່ຢໃຫ້ຮ້າບ ເນທນັນເຄ
ທ່ວນະທີ່ບໍຄໍຜູ່ຊີກຄອຢແຂ່ຢ ນະໄດ້ເຕົ້ອນນະທີ່ບໍຄໍຜູ່ຊີກຄອຢແຂ່ຢອນ
ແລະບຽຫ້າຈະໄດ້ເຕົ້ອນຊ້ວຈ້ວຂຸກຄວາມຜູ່ຽເນຟ ແລະຊ້ວຈ້ວຂຸກຄວາມບິະທຸ
ຕຽຽ ໆ ທີ່ຂ້ຽອຽມແຂຽຽວຂຽວທ່ວບເນື່ອຽຂອກຫາວຈັບ ແລະກັດຂ້າຕັງຜູ່ຖືກ
ຫາວນັບເຫ້າຈ້ວໄດ້ ເມື່ອຈັບຕັງຜູ່ຖືກຫາວເດັ່ງຽບໍລິຄັບທລັງຕ້ອຢໃຫ້ຮຽ
ຈ້ຽະກາວທໍ່ສັງຸບັນນີ ແຈຽຄວາມໃຫ້ຖຽຽວ ກາວຜູ່ໄດ້ອອກ ບໍ່ຄັບໃຫ້ຮ້າບ
ໄນ້ທ້ນໄດ ແລະຕ້ອຢລີຈ່ຕ໌ງຜູ່ຖືກຫາວນັນໄຮໃຫ້ທຽຽວກາວຜູ່ໄດ້ອອກບໍ່ຄັບ
ນັດ່ວຢ -

ມາດຕາ ໒໗ - ໜ່ວຍບໍ່ຄັບໃຫ້ຈົບຕົງ ຕ່ອຢຸບອກເຫາຕຸ ກາວໜໍ່ຊຸກຂຸວຢໃບາທ່າວຈັບ
ບຸກຄົນຜູ່ນັ້ນ ແລະຢຸບໍ່ກ໌ກຸໜວຽທີ່ຈະໂດລຽແກບຸກຄົນຜູ່ນັ້ນດ່ວຢ -

ໄຄຄວາມໜ່ວຍບໍ່ຄັບໃຫ້ຈົບຕົງມີຄ້ຽອະ໌ນ່ຳໃຮນີ -

ຍວກຽຽພະເຈ້ວ (ຊື່ແລະບໍດຕ່ວກັ) ຕຽກາວຜູ່ໄກສວນເບຽຽວາຽ
ທີ................................ບໍ່ຄັບໃຫ້ຍວກຂ້ຽຖືຢ່ານຽຽຽຽຂອຽອຽຽວຽນຸ້ໃແລະ
ພະນັກຽຽວຜູ່ໃຖ່ຽຽຽຽຽຂຽຽແຝນຄັບໃຫ້ຈົບບໍ່ກຸມຕົງ

de . . . . fait prévu et puni par les articles du code pénal ainsi conçus: (. . . . .)
et de l'incarcérer.

Prescrivons en conséquence à tous gardiens de prison de l'y recevoir soit avant soit après son transfèrement à notre disposition jusqu'à ce qu'il ait été statué à son égard, et signons et scellons de notre sceau le présent mandat pour être exécuté partout où l'inculpé pourra être retrouvé.

CHAPITRE II

Instruction et Jugement

SECTION I

Contraventions

ARTICLE 28.

Les contraventions qui donnent lieu aux peines de simple police ne doivent jamais amener l'arrestation préventive de leurs auteurs présumés.

ARTICLE 29

En matière de contravention, le tribunal est saisi soit par la plainte de la partie lésée, soit par les procès-verbaux des autorités compétentes ainsi qu'il est dit ci-dessus.

ຜູ້ຕຸ້ມຫາວ່າ _________________________ ແລະຕາອັດຄົນໂຫຽຕາມ
ນີ້ ເຫຼືອງຈາງຽວຄຸ່ຈະ່ວຕຳໄວ້ນີ້ _________________________
ແລ້ງໄຫ້ກກຽງ ຈາງຜູ້ຕຸ້ມຫາວຜູ້ນີ້ໄວ້ເບໂຮ່ງອ່ອ -

   ອ້າງບ້າງຄັບ ໄຫ້ພຍອກຫ່ວາະໂຮ່ງຫ້າງຫຼາວຽ ໄຫ້ຮັບຕາງຜູ້ຕຸ້ມຫາວນີ້ ໄວ້ໄນ
ຄຸກ ກ່ອນຈະໄດ້ສົ່ງຕົງຂອງເຂົ້າມາໄຫ້ພຍອກຈົ້ວພະເຈົ້າກໍ່ດີ ຫ້ຼືນບຫ້າງໄດ້
ສົ່ງຕົວມາໄຫ້ພຍອກຈົ້ວພະເຈົ້າແລ້ງກໍ່ດີ ຈົນເຖິງເຽຽເມື່ອຈົ້ວພະເຈົ້າໄດ້ນີ
ພຍອກຫຼາງຕົ່ມໂຫຽຂອງເຂົ້າແລ້ງ ພຍອກຈົ້ວພະເຈົ້າໄດ້ເຊີ່ຽຂຸ້ແລະບຽະຫັບ
ຕາໄຊ່ໄນຫມຽງບ້າຄັບ ສບບນີ້ ເພື່ອໄຫ້ອ້າຫ່າ ຕາວມໄດ້ໄນ ຫຸກ ຯ ຕ່າ ບນິເຽຽ
ໂດຍບິເຫ້ານ ຕັງຂອງ ຜູ້ຕຸ້ມຫາວນີ້ -

ບົ້ຼ ຫ້ ໒

ການໄຕ່ສວນ ແລະ ການພິພຍາກຼາ

ຫມ ວ ຼ ຫ້ ໑

ວ່າດ້ວຽ ກາ ນ ກະ ຫ່າ ວ ຜິຼ ໄບ ຄວາມ ນະ ບາ ໂຫຽ

ມາຕຼາ ໒໔ -   ການ ກະ ຫ່າ ວ ຜິຼ ຄວາມ ເບິ ວ ຽ້ຼ ຄວາມ ສ່ຼ ໂຫຽ ໄບ ຄວາມ ນະ ບາ ໂຫຽ ບັ ນ
ະ ຮັບ ຕຳ ງ ຜູ້ ຕຸ້ມ ຫາວ ລຼ ຽ ຫມາ ໄວ້ ກ ອ ນ ນ ນັບ ບໍ ໄດ້ ແລ -

ມາຕຼາ ໒໕ -   ໄບ ນະ ຄວາມ ນະ ບາ ໂຫຽ ສວບ ຈະ ໄດ້ ຮັບ ຄວ່ວ ຮ ຍ້າ ຂອງ ບຸກ ຄ ນ ຫ້ ຜູ້ ກ້ ເຄາະ
ຮ້ຽ ຫຼ້ າ ຈະ ໄດ້ ຮັບ ຕິ ຫມ ຽງ ບັ ນ ຫ້ ກ ຂອງ ຽະ ບ ກ ຼ ວ ນ ຜູ້ ມຶ ອ້ ວ ບ ຯ ຕ່ ໍ ອ້ ວ ມ າ ແຊ້ ງ
ໄນ ບ ນ ນ ີ້ -

Article 30

L'instruction des contraventions doit avoir lieu publiquement à l'audience. Les plaignants, témoins et prévenus sont convoqués et entendus dans les formes prévues au Code de procédure civile.

Article 31

Les jugements des contraventions sont prononcés à l'audience à laquelle l'instruction aura été faite.

Article 32

Les conditions de forme prescrites pour les jugements en matière civile et commerciale doivent être observées à peine de nullité dans le jugement des contraventions.

En outre, le texte des articles du code pénal appliqué doit être intégralement inséré dans les motifs.

Il doit être statué sur les peines d'emprisonnement et d'amende, et s'il y a lieu sur les dommages-intérêts, restitutions et confiscation. Il devra être statué en outre sur les frais qui seront à la charge de l'inculpé au cas de condamnation et en cas d'acquittement à la charge du Trésor ou de la partie civile avec mention de la contrainte par corps pour les condamnations pécuniaires.

ມາຕຣາ ໓໐ - ການເຕົ່ງສ້ອມຄວາມຜິດໃນການລະບາໂທຸຫຼວບັນ ຕ້ອງໄດ້ສ່ວມເຫຼ່ວປະ
ຂຸນສ່ວນແລະຕຳບນົ້ວປ໋ຂຸວຂຸນ ຜູ້ອ້ອງຫຸກ ພຽງແລະຜູ້ຖຶກບາວຕ້ອງຖຶກ
ເກາະເຂົ້ວມາ່ວວນ ແລະຕ້ອງເຫຼົ້າກວນເຫຼົ້າຖຶກຕ້ອງຕາວມກະບ່ນບເທ້ໄດ້ບັນຍູ້
ໄວ້ໂນກ໌ຸ່ບນ່ວພ່ນດຽ່ນວຄວ່ມແພ່ຽໆ -

ມາຕຣາ ໓໑ - ການຕັ້ນ່ນຄວ່ມຜິດໃນຄຽ່ວນລະບາໂທຸບັ້ນ ຕ້ອ່ງເຫຼົ້າປ໋ຄຳ່ນ່ວໃນ
ເຫຼ່ວຄຽ່ງກ໌ນກັບເຫຼ່ວປ໋ຂຸນສ່ວມເມື່ອເຕົ່ສວບຄະດ໌ເຫຼີ່ອ່ຽນ່ວເສິ່ຍ່ແລ້ວ -

ມາຕຣາ ໓໒ ຄ່ວ່ພຶ່ພຍ່ວກ໌ຸ່ວຄະດ໌ລະບາໂທຸ່ບ່ນ ຕ້ອ່ງເຫຼົ້ານ໋ຕຳບ່ນໃຫ້ຖຶກຕ້ອ່ງ
ຕຽ່ວມຮູບກະບ່ວມລ່ວບ່ວບຄ່ວ່ພຶ່ພ່ຽ່ວກ໌ຸ່ວຄະດ໌ແພ່ຽໆແລະຄ່ວ່ວຊ່ວ ຖ໌ວ່ບ່ະ່ນ່ຍ
ກ໌ເລີ່ນເຫຼ໌ໂຊ່ນບ່ໂດ ບອກາກນໍ້ອ໌ກ່ອ່ບຸ່ຍ່ກ໌ຸ່ບນ່ວ່ນ່ຽ່ເບ່່ຽໆກ໌ຸ່ບ່ນ່ວ່ຽ່ອ່ຽ່ອ່ນ່ຽ່ວ່ເ້
ໄດ່ລ່ຽໂທຸ່ບ່ນ່ຕ້ອ່ຽໄດ້ອ່ຽ່ໃວ່ໂນຄ່ວ່ພຶ່ພ່ຽ່ວກ໌ຸ່ວຄ່ວ່ຽ່ເ່ປ່າ່ຕ່ານ່ຈ່ນ່ບ່ຈ໌ວ່ -

ຕ້ອ່ງໄດ່ຕ່ນ່ຍ່ໃນ່ລ່ຽໂທຸ່ຈ່ວ່ຄ່ກແລະ່ຄ່ວ່ຽ່ບ່ໂທ່ນ ແລະຖ່ວ່ເຫຼ່ນ່ນ່ມ
ດ່ວ່ນກ່ວ່ຈ່ະ່ຕ້ອ່ງໄດ່ບ່ວ່ຄ່ບ່ເຫຼ່ົ່ໂຊ່ຄ່ວ່ຫ່ວ່ຊ່ວ່ນ ແລະເຫຼ່ົ່ລ່ຽ່ຊຸ່ບ່ລ່ຽ່ອ່ຽ່ຄ່ນ
ແລະເຫຼ່ົ່ລ່ນ່ບ່ລ້ຊຸ່ບ່ລ່ຽ່ອ່ຽ່ຕ່າ່ຽ່ໆ -

ອ່ຽ່ກ໋ປ໋ະ່ກ່ວ່ມ່ບ່ນ່ຽ່ຈ່ະ່ຕ່າ່ຽໄດ່ຕ່ນ່ຍ່ໃນ່ໃນ່ໂ່ນ່ລ່ວ່ບ່ຄ່ວ່ລ່ຶ່ອ່ຊ່ຫ່ວ່ບ່ຽ່ນ ຂຸ່ຽ່ອ່ະ່ໄດ່
ເຫຼ່ົ່ຜູ້ຖຶ່ກ່ບ່າ່ວ່ເສ່ຍ່ ເຫຼ່ຽ່ຜູ້ຖຶ່ກ່ບ່າ່ວ່ບ່ຖຶ່ກ່ໂທຸ່ ແລະເຫຼ່ຽ່ຜູ້ຖຶ່ກ່ບ່າ່ວ່ບ່ນ່
ບ່າ່ວ່ກ໋ຖຶ່ກ່ບ່ຽ່ ຄ່ວ່ລ່ຶ່ອ່ຫ່ວ່ບ່ຽ່ມ່ບ່ນ່ກ່ວ່ະ່ແຫ່ມ່ບ່ຄ່າ່ບ່າ່ວ່ຽ່ເລີ່ນ່ຜູ້ຮ່ບ່ເສ່ຍ່ ບ່າ່ໂທຸ່
ຜູ້ອ່ອ່ຽ່ນ່ອ່ຽ່ອ່າ່ກ່ວ່າ່ເຂ່ອ່ຄ່ວ່ຫ່ວ່ຊ່ວ່ນ່ພ່ຽ່ອ່ມ່ຄ່ວ່ຊຸ່ບ່ວ່ຄ່ບ່ເຫຼ່ົ່ຈ່ວ່ຄ່ກ ຜູ້ຊ໌ຖຶ່ກ່
ບ່ບ່ເຫຼ່ນ່ເລີ່ນ່ຈ່ວ່ບ່ອ່ນ່ເລີ່ນ -

ARTICLE 33

Ainsi qu'il est dit à l'article 7 du Code de l'Organisation judiciaire, les jugements rendus en matière de contravention ne sont susceptibles d'appel que quand ils prononcent une peine d'emprisonnement. Tous autres jugements en matière de contravention sont rendus en dernier ressort, mais sont susceptibles de pourvoi en annulation.

ARTICLE 34

Les jugements de contravention contradictoirement rendus sont exécutoires après l'expiration du délai de pourvoi en annulation.

ARTICLE 35

Les jugements de contravention rendus par défaut sont notifiés au contrevenant en la forme ordinaire.

Opposition peut être faite dans un délai de quinze jours à partir de la réception de la notification.

Ce délai est augmenté de deux jours par chaque jour de distance entre le domicile du contrevenant et le siège du tribunal.

L'opposition a lieu par une déclaration écrite ou verbale faite au greffe du tribunal qui a rendu le jugement. Elle est reçue et enregistrée gratuitement par le Greffier.

ມາຕາ ໓໓ - ເໝືອນໄດ້ວ່າແລ້ວ ໃນມາຕາ ໗ ແບ່ງກຳນົດບ່ຽງຕ່າຕ່ຳກວາມບຸຄຸ
ກັນຄ່າຜົນຂອງກຳລາຄະດັ່ແພນກລະຫ່າໂຮຕຮັນຈະອຸຫອນບໍ່ໄດ້ ຖ້າວ່າຄ່ຳ
ຜົນຂອງກຳລາຮັນບາງກບົຕຸນິຂລ່າໂຮຕຄູເດ່ລ່ວ ນອກຈາກກວ່າມຊບົມີຄ່າ
ຜົນຂອງກຳລາຄະດັ່ຍະແພກລະຫ່າໂຮຕຮັນ ເປັນຄ່າຜົນຂອງກຳລາຊຸ້ນຫົ້ງຈະອຸ
ຫອນໄດ້ແຕ່ວ່າສ່ວນອຸຫອນຜັ້ຊຸ່ລົບລ້ວາ -

ມາຕາ ໓໔ - ຄ່າຜົນຂອງກຳລາໃນແພນກລະຫ່າໂຮຕ ຊຶ່ງໄດ້ລົ້ງຊຸ່ອ່ວບນ້ວລຸກຄວາມ
ທຸກຄົນ ຈະຕ້ອງໄດ້ຊຸ່ໄຫ້ທ່ວຕາມໃນເມື່ອຂ່ຽວນ້ຳນກ່ວບນັ້ຂໄຫ້ອຸຫອນ
ລົບລ້ວງແລ້ງນັ້ -

ມາຕາ ໓໕ - ຄ່າຜົນຂອງກຳລາໃນແພນກລະຫ່າ ໂຮຕ ຊຶ່ງໄດ້ລົ້ງໃນະຄວນລຸກຄວາມ
ຂຽວບັນງຂວ້າໄດຍບໍ່ໄດ້ຂຽວນະສ່ວນນັ້ ຈະຕ້ອງໄດ້ແຈ້ງໄຫ້ແກ່ຜູ້ກະທ່ຳຜິງ
ຈຸບຕາມທັນະຄາຂຶ່ໄດ້ວ່ມາແລ້ງນັ້ -

ຖ້າຈະຕ່ງຫຼຶ້ຄ່າຜົນຂອງກຳລານັ້ ກໍໄດ້ໃນກ່ວບນິງ ໑໕ ວັນນັບຕ່າແຕ່ວັນ
ໄດ້ຮັບແລະຊຸບຄ່າຜົນຂອງກຳລານັ້ໃຫ -

ຖ້າຫົ້ຂໍ້ຂອງຜູ້ກະທ່ວຜິງບ້ານ ຫາກຂໍ້ໄກລະວນຄວາມມັ່ບນຳບໍ້າບຫຼາງມັ່ກໍ
ຈະໄດ້ເຕີມກ່ວບນິງນີ້ໄຫ້ມີໂຄລະເອງວັນຕ່ ໗ໄຊ -

ການຈະຕ່ງຫຼຶ້ບັນ ຕ້ອງໄຫ້ທ່ວເປັນຄ່ວຮ້ອງລະບົບບນິງຂງບເປັນຕົງອັກ
ສອນ ບໍ້ແລຄງໂຄງບິາກຕ່ຈ່ວສານຊຶ່ໄດ້ລົ້ງຄ່າຜົນພາກກຳລານັ້ ຈ່ວສານ
ຈະໄດ້ຮັບແລະຈຶ້ງຄ່ວຮ້ອງລະບົບນັ້ເຊີວໃນບວນຊຶ້ ໂຄງບ່ຽງກເອົາຄ່ວທ່ວ
ນຽນລົ້ງໄຄເລ່ງ -

ARTICLE 36

Si le contrevenant n'a pu recevoir personnellement la notification du jugement, l'exécution pour le recouvrement des frais, amendes et dommages et intérêts, pourra avoir lieu sur ses biens à l'expiration d'un délai de quinze jours après l'affichage de l'extrait du jugement par le tassèng de son dernier domicile connu, au marché du village ou à la porte de la pagode ou sur un poteau placé devant la maison du Tassèng.

L'exécution sur les biens a lieu conformément aux prescriptions du Code de procédure civile.

L'exercice de la contrainte par corps pour le recouvrement des condamnations pécuniaires et des frais de procès aura lieu cumulativement avec l'exécution sur les biens; elle sera subordonnée quand à sa durée aux résultats de cette exécution.

ARTICLE 37

Le condamné par défaut qui n'aura pu recevoir notification de la condamnation pourra faire opposition pendant un délai d'une année à partir du prononcé du jugement. Au cas d'acquittement, il aura droit simplement au remboursement de la valeur des objets saisis pour l'exécution sans pouvoir prétendre à des dommages et intérêts.

ມາຕາ ໓໖ - ຄູ່ຜູ້ກະທ່າລັຽງ ຜູ້ຮັບບໍເດີຮັບ ແລະບໍໄດ້ຮຽບຄ່າຜິນຽາກຖ່າເອງ ການ ຈະບໍ່ດັບລ່ຽກເອົາຄ່າຫັມນງ ມລ່ວມ ຄ່າຮັບເບຍ ແລະຄ່າຫ່າງລັບ ບັນຈະລ່ຽກ ເອົາໄນຮຸບລິງ ຂອງ ຜູ້ກະທ່າລັຽວບ ກ່ໄດ ກ່ຳໄຫ້ກາງກ່ວນຕິ ໑໕ ວັນ ເສັຽກ່ອນ ແລະໂດເອົາລ່າງຄ່າຜິນ ຍາກຖ່າວົ່າ ຖ່ວຫອຽກກ່າຣ ໄນຕາງ ຜູ້ຖ່າຜູ້ກະ ຫ່າລັບ ໄດ້ຂຶ້ງບາງ ຫ້ນ່າ ໄວ້ຫັ້ງລ່ວ ຫ້ວລິຕກ່າຫ້າເຫ່າ ຫ້າກ ດັ່ງໄວ້ຕ່ບຫ່ວເຫັ້ມນ ຕາມແລ່ງ -

ການຈະລ່ຽກເອົາຄ່ວຕ່ງໆ ໄນຮຸບລິງຂອງ ຜູ້ກະຫ່າລັ່ງຣັບ ຕ່ອງໄຫ້ ວິຣຕ່ບ່ງ ໄຫ້ຖຸກຕາຕ່ງການກະບວນກິລຫວ່ງລັກຖ່ນະວ່ຍ ຂ່ງຣະບວຄວາມ ແຫ່ງ -

ການຈະກັກຂ້ຕິງຜູ້ກະຫ່າລັ່ງ ເຫ້ອໄຫ້ເລ່ງຄ່ວບັບໄຫນ ຄ່ວຫ່ວຂ່ວ ແລະຄ່າຫັນບງ ມລ່ວມບັບ ຈະຕ່ອງໄດ້ຫ່ວຍຕ່ມກັບກັບການຈະລ່ຽກເອົາ ຄ່ວຕ່ງໆໄນຮຸບລິງຂອງ ຜູ້ກະຫ່າລັ່ງ ແລະກ່ວບງ ຂຶ້ວຣະໄດ້ກັກຂ້ຜູ້ກະ ຫ່າລັ່ງ ໄວ້ນ່ບກ່ງຣ ແລ່ງ ກ່າຫຽວໄດໄດ້ລ່ຽກເອົາຄ່ວຕ່ງໆໆ ໄດຄບແລ່ງ -

ມາຕາ ໓໗ - ຜູ້ຫຖ້ກລ່ງໂຫຣໂດງຕາບບໍໄດ້ຂຶ້ງຕ່ງຣໄນ ຣວມບ່ວ ແລະບໍໂດ່ຍບ ຄ່ວຜິ ຍວກຖ່າລ່ງໂຫຣຂອງຕາບຮ່ບຈະກ່ງຂ້ຄ່ວຜິຍ ຍວກຖ່າວຣະບບ ບັ່ງໂດ ໄນກ່ວບງຕິ ບ້ຫ່ວງ ບກ່ຣ ກ່າວັນຫ້ໄດ້ລ່ງຄ່ວຜິ ຍວກຖ່າວ ຣະບບ ບ່ວ ໂຕ ຄ່ວເບ່ອຕ່ງ ແລ່ງ ຫາງກ ລ່ວ ບຕ່ລ່ນ ໄຫ້ຍ່ງ ຕ່າ ໄຕ ບ ກ ດ ບ ຜູ້ບ ບກ່ງ ຈະ ມ່ ອ່ວ ບ ລ ຣັ ບ ເອົ ວ ຄ່ ນ ໄດ ແຕ່ ລ ວ ຄ ວ ຮຸບ ລິ ງ ຂ ອ ງ ຫ້ ຖ້ ກ ຣ ບ ຣ ຈະ ຣ ່ ອ ງ ຂ່ ເ ອົ ວ ຄ່ າ ຫ ່ ວ ຂ ່ ວ ບ ່ ໄດ ແ ລ -

SECTION II

Instruction des délits
Ordonnances diverses du Juge d'Instruction
Liberté provisoire, Jugement des délits
Exécution des Jugements.

ARTICLE 38.

Toute personne arrêtée sous prévention d'un délit ou d'un crime doit être interrogée dans les vingt-quatre heures par le Juge instructeur.

Cet interrogatoire et tous autres ultérieurs devront être consignés par écrit par le Greffier.

Lecture en sera donnée au prévenu qui signera avec le Juge et le Greffier.

S'il ne sait ou ne veut signer mention en sera faite.

ARTICLE 39.

Le Juge instructeur convoquera ensuite en la forme ordinaire tous témoins utiles, les entendra et fera consigner leurs déclarations par écrit par le Greffier et procéder à toutes opérations utiles pour parvenir à la découverte de la vérité ainsi qu'il est dit aux articles 16 et 17 ci-dessus.

Le Juge devra rechercher aussi les condamnations antérieures qu'auraient encourues les prévenus.

ໝວດທີ ໒

ວິທີໄຕ່ສວນກ່ຽວກະທ່ຽງ -

ໝາຍບ່ຽຄັບຕ່າງ ໆ ຂອງຄູ່ກຄວາມຜູ່ໄຕ່ສວນ ຄວາມບ່ຽຕິງຊຸງຄ່ຽ -
ຄວາມພ້ຍວຄຼວຄວາມຜິ ຄວາມຈຸ່ຕຄວາມຄ່ຽພ້ຍວຄຼວ -

ມາຕຼາ ໓໘ - ບຸກຄົນຜູ່ໃດ ຊຶ່ງຖຶກຈັບໂຕງຖຶກຫາວ່າໄດ້ກະທ່ຽຜິ ໄຮນະຄວນ
ຫາໂທຊ ຫຼື ໂທຊຄຼຸໂທຊ ຫຼືຄະດຸໂທຊຈ່ອງໄຕ່ຄຼວຄວາມຜູ່ໄຕ່ສວນຄວາມ
ເອົາຄ່ຽໄຕ່ຄວາມຂອງບຸກຄົນຜູ່ນັ້ນ ເໝະບ່າງຄຼວນຕ່ຊຶວໂທງ -

ຄວາມຄຼວເອົາຄ່ຽໄຕ່ຄວາມນ້ນີ ແລະຄວາມຄຼວເອົາຄ່ຽໄຕ່ຄວາມຊຶ່ງ
ນະໄດ້ທ່ຽກ່ຽເປີ ຕ່ອງໄຕ່ຂ່ຽສວນຈຸເຊີຫຕຶວອັກສວນໄວ້ -

ຄ່ຽໄຕ່ຄວາມນ້ນ ຕ່ອງໄດ້ຂ່ຽບໄຕ່ຜູ່ຖຶກຫາວ່ຍິ ຊຶ່ງຈະໄດ້ລຶຊຸບຊຶ
ພ່ອມຄຼວຄວາມແລະຈ່ຽສວນ -

ຖ້າຜູ່ຖຶກຫາວບໍ່ຮູ່ເຊຸບຊຶ ຫຼືບໍ່ຍອມເຊຸບຊຶກ ກ່ອງໄຕ່ຈຶ່ຍໝາຍເຫາຕຸໄວ້ -

ມາຕຼາ ໓໙ - ຕຼວຄວາມຜູ່ໄຕ່ສວນຕ່ອງເກາະຕິວພຍວກພຍວນຫ່ຽບ່ຽງ ຊຶ່ງເບ້ານະ
ເປີນບິ່ໂຍ ເຊຶວມາຄວາມຫ້ມະຄວ ເໝ່ອໄຕ່ຄວາມ ແລະໄຕ່ອວ່ສວນຈ່ຽ
ຄ່ຽໄຕ່ຄວາມຂອງເຊຶວເປີນຕິວອັກສວນໄວ້ ແລະຈຸ່ຄວາມຊຶ່ງຈະເປີນຍ້ບໄຕ່
ຮູ່ຈັກຄວາມຈ້ຽເໝ້ອນໄດ້ວ່າແລ່ງໄນມາຕຼາ ໑໖ ແລະ ໑໗ ບິນີ -

ຍກ້ຼີ ຄວາມບໍ່ຽຕຼວຄວາມຕ່ອງຂຸອກຫາວໂທຊ ແຕ່ ກ່ອງບຊຶ່ງໄດ້ລຶ ແລ່ງ
ໄຕ່ຜູ່ຖຶກຫາວ -

Article 40

Lorsqu'au cours des opérations ci-dessus le Juge instructeur aura acquis la conviction de la non participation de un ou de plusieurs prévenus aux actes délictueux à eux imputés ou bien lorsque, le maintien en état de détention d'un ou de plusieurs prévenus ne paraitra plus nécessaire, il rendra une ordonnance motivée ordonnant leur mise en liberté provisoire et donnant main levée du mandat de dépôt. Cette ordonnance ne sera exécutoire que si elle n'a fait l'objet d'aucun recours ou qu'elle aura été confirmée par le tribunal provincial ainsi qu'il sera dit ci-après.

Article 41.

Le dépôt d'une caution fixée par le Juge pourra être ordonné. Cette caution déposée au greffe du tribunal garantira la représentation du prévenu à l'instruction et devant le tribunal et garantira le recouvrement des condamnations pécuniaires et des frais qui seront prélevés sur elle.

En cas de fuite de l'inculpé, la somme consignée sera acquise définitivement au Trésor.

En cas d'acquittement, elle lui sera restituée.

La liberté provisoire ne sera pas accordée aux inculpés ayant déjà subi une condamnation antérieure.

ມາຕຣາ ໔໐.- ເມື່ອໃນລະຫວ່າງການໂຕ່ລ່ຽນຕ່າງ ໆ ທົ່ວ່ານວບັນນີ້ ຖ້າຫາການຜູ້
ໂຕ່ລ່ຽນບາງກະເທົນ ເປັນອ້າວ່າ ຜູ້ຖຶກຫາວ່າ ຫຼື ຫຼາຍຄົນບໍ່ໄດ້ກະທ່ຳ
ຄວາມຜິດຖ້າໄດ້ຫາໄວ້ເຊີວບັກບັບພວກຫມູ່ຂອງເຂົາວ່າ ຫຼືບໍ່ການຫມູ່ອ້ກ
ຖ້າ...ການສານບ່ວະກັກຜູ້ຖຶກຫາຜູ້ຫມູ່ຫຼາຍຄົນຕ່ຳໃຫ້ອ້ກມັນບໍ່
ຜິນລ່ວ່ງ ຕະການຕ່ອ່ງວອກບັ່ດຄັບຖຶ່ເຫດຕຸຜິນຄ່ອງເຝົ່ອໃຫ້ບ່ຽຕິວ່ຜູ້
ຖຶກຫາວ່ງຄວງ ແລະບ່ຳຄັບເຫົາເລົ້ກການກັກຕ່າວ່າເສ່ງ ຊ່ບ່ຳຄັບຊະເຊື່ໄດ້
ເປັນເຕົ່ງວ່າ ແຕ່ຖ້າວ່ງບໍ່ມີຜູ້ຊະອຸຫາຍ ຕ່ຳໃຫ້ ຫຼື ເຫົາລ່ວບ່ຣະວ່າງຂອງວ່າຕ່
ມັນ ຊົ່ງ ອ້ບ ຕາມຊ່ບ່ຳຄັບບ່ຣະບັບບ ຕ່ວ່ຈະໂຕ່ກຼວງຕ່ຳລ່ໄປ ໃຫ້ -

ມາຕຣາ ໔໑.- ຕະການມ່ອ່າວ່ຊຸ່ບ່ວ່ຄັບ ເຫົາ ແລະກ່ວ່ບນ້ງ ຈ່ວ່ງ ວບເຈ້ບ່ຣະກັບມ່ວ່າງ
ໂວ່ລ່ວບ -

ຕ່ຳບ່ຣະກັບ ທ່ຳໄດ້ເອງ ໄວ່ກັບ ຈ່ວ່ສານ ລ່ວ່ບ່ຣະກັບຕາງໄວ່ ຜູ້ຖຶກ ຫາ ໃນຣະ
ຫວ່າງການໂຕ່ລ່ວບ ແລະບ່ຣະກັບ ລບັ ມາ ລ່ວ່ນ ແລະ ລ່ວ່ບ່ຣ່ບ ໃຊ້ຄ່ວ່ງ ໃນ ໂບນ ແລະ
ຄ່ວະຫ່ວ່ຂວັນ ເຊ່ງ ລ່ວ່ນ ຕ່ຳ ມັນ ລ່ງ ໂຫ ຜູ້ ຖຶກ ຫາ ແລະ ລ່ວ່ບ່ຣ່ບ ໃຊ້ຄ່ວ່ ວ່ຊຸ່ ຂ່ຳ ວ່ ຊະ
ໄດ້ບວກ ເອົາ ໃນ ຈ່ວ່ ມ່ວ່ງ ຕ່ຳ ບ່ຣະ ກັບ ບັບ -

ຖ່ວ ຜູ້ ຖຶກ ຫາ ວ່າ ຕິນ ບັບ ຕ່ຳ ບ່ຣະ ກັບ ມັນ ກ່ອ່ ຊະ ໄດ້ ຍກ ນົ້ ຍະ ຄ່ວ້ ຫຼາຍ ເປັນ
ເຄ ຼ ຂ ຂ ຼ -

ຖ່ວ ສານ ຕ່ຳ ຼ ມັນ ບ່ຣ່ ຜູ້ ຖຶກ ເຫາ ກ່ອ່ ຊະ ໄດ້ ວ່ຣ ຕ່ຳ ບ່ຣະ ກັບ ມັບ ໃຫ້ ແຕ່ ກ່ ເຊົາ
ຂອ່ ຄັບ -

ການ ບ່ຽ ຕິ ວ່ຊຸ່ ຄວ່ ບ່ຣະ ອະ ນຸ ຍ ຂ ໃຫ້ ແຕ່ ວ່ ຜູ້ ຖຶກ ຫາ ວ່ ຍ ຼ ຖຶກ ໂຫ ຼ ຄ່ຼ ບັບ
ແລ້ວ ມັນ ບໍ່ ໄດ້ ແລ -

ARTICLE 42.

Dès que les opérations du Juge instructeur sont terminées, il rend une ordonnance motivée renvoyant les prévenus contre, lesquels il estime exister des charges suffisantes devant le tribunal de 1er degré. Lorsqu'il estime qu'il n'existe pas de charges suffisantes contre un ou plusieurs prévenus, il rend également une ordonnance motivée déclarant qu'il n'y a pas lieu de les déférer au tribunal et donnant main levée du mandat de dépôt s'ils n'ont déjà été mis en liberté par une précédente ordonnance.

ARTICLE 43.

Toutes les ordonnances du Juge instructeur soit qu'elles ordonnent la mise en liberté provisoire, qu'elles renvoient ou non les prévenus devant le tribunal indigène, doivent être soumises au Commissaire du Gouvernement de la province en qualité de représentant du Résident supérieur, Chef de la justice indigène au Laos.

ARTICLE 44.

Le Commissaire du Gouvernement s'il estime qu'une ordonnance a été rendue à tort devra y faire opposition dans la huitaine devant le tribunal provincial du ressort. Ce tribunal pourra confirmer l'ordonnance qui sera immédiatement exécutée. Il pourra également soit l'annuler et ordonner un supplément d'information soit ordonner le renvoi des prévenus devant le tribunal indigène.

ມາຕາ ໔໒ - ເມື່ອສິ້ນການສືບສວນະແລ້ວ ຖ້າການຜູ້ຮັບສວນຕ້ອງອອກຄຳສັ່ງ ລະບົບບຫມັງຊີ້ແຈ່ງເຫດການສວ່າຄັນຕ່າງໆ ເມື່ອສິງໃຫ້ຍ່າງສວນຊຸບຕານຈ້ວ ພວກຜູ້ຖືກຫາວຊຸງ ມີຫຼາກຄວາມສົມຄວນຈະຊີ້ຊີ້ໄດ້ວ່າມີຄວາມຜິ ຖ້າ ເຫານວ່າ ຜູ້ຖືກຫາວຜູ້ໃດບໍ່ມີຄວາມຜິ ໂຕຍບໍ່ມີຫຼາກຄວາມສົມຄວນແລ້ວກໍ ໃຫ້ຫານການຜູ້ໄຕ່ສວນອອກຄຳສັ່ງຊີ້ແຈ່ງເຫດການສວ່າຄັນຕ່າງໆ ເມື່ອ ແລດງວ່າບໍ່ຕ້ອງລະເກະບຸກຄົນຊຸງຖືກຫາວເຈົ້າງບໍ່ໃຫ້ຕຳຫນວ່າວາງແລະລະບຸ ຍງຫ້າເຊວຍບົງວາກກວນກກຊຸດວ່າ ຖ້າວ່າແຕກ່ອນຍ້ອບໄກມີຂຸບໄຄບ ໃຫ້ອ໌ຈຕຳເຊວເຫືອ -

ມາຕາ ໔໓ - ຂຸບໄຄບລະບົບໄຄຂອງຕາງະການຜູ້ໄຕ່ສວນ ຊຸງໂຕຍອອກຄຳສັ່ງວ່າໃຫ້ ຊີ້ຈຕານຜູ້ຖືກຫາວຊຸງຄວນ ຫຼ້າໃຫ້ວິຈຕານຜູ້ຖືກຫາວຫຼ້າບໍ່ໃຫ້ວິຈຕານຜູ້ຖືກຫາວ ໃຫ້ຕຳຫນວ່າວນລວງກໍຕ ຕ່ອງໃຫ້ຕາງະການຜູ້ໄຕ່ສວນຜູ້ມັນສັ່ງຂຸບໄຄບ ເຈົ້າງບໍ່ໃຫ້ເໝີຕຳຫ່ວນອະຫຳບຕຜູ້ຖືກຄ່ອງແຊງ ຊຸງເປັນຜູ້ຕາ, ຫນ່ວຂອງ ຫ່ວານຜູ້ສຳເຈຈາວຊະກວນ ເຈົ້າແບ່າງການບຸຕຳຫ້ມຄົນຍ້ນເໝື້ອງລວງ -

ມາຕາ ໔໔ - ຖ້າຫ່ວານອະຫຳບຕ໌ເຫ້າງວ່າຂຸບຄັບລະບົບໄຄ ໂຕຍອອກໂຕຍບໍ່ຖືກຕ້ອງ ຕາມບຸຕຳຫ້ມ ຫ່ວນຕອງໄຕຄູກຄວນໄບກ່ວນຍ ໔ ວັນຕຳຫນ່ວສວນບິະຈ່ວ ແຊງໄບຫອງຫ້ມັນ ສວນບິະຈ່ວແຊງງະຊີ້ຊີ້ນຕວນຂຸບຄັບລະບົບມັນຕ ໃຫ້ອ໌ກກຳໄຕ່ແລ້ງກ່ຈະຕອງໄຕຊຸໃຫ້ຫ່ວຕາວມຂຸບຄັບລະບົບມັນໄນຫັນໄຕ ອ໌ກບິະກາະຫນ່ງ ສວນບິະຈ່ວແຊງງະລບລວ່ງຂຸບຄັບລະບົບມັນ ແລະບໍ່ ຄັບໃຫ້ສົບສວນເພີ່ມເຕີມອ໌ກ ຫຼ້າບຸຄັບໃຫ້ວິຈຍບກຖືກຫາວໃຫ້ຍ່າງສວນ ບິະຈ່ວເໝື້ອງ -

Article 45.

Si l'infraction lui parait constituer un délit justiciable d'un tribunal provincial en vertu de l'article 16, 2è paragraphe du Code d'organisation judiciaire, ou un crime justiciable de cette juridiction aux termes de l'article 18 du même code, ou s'il estime que le délit est de la compétence d'un autre tribunal indigène, le Juge instructeur rend une ordonnance constatant son incompétence et ordonnant la transmission des pièces de la procédure et le transfert des inculpés à la disposition du tribunal provincial, ou du tribunal indigène.

S'il est fait opposition à cette ordonnance d'incompétence par le Commissaire du Gouvernement, elle est soumise avec le dossier au tribunal supérieur ainsi qu'il est dit ci-après.

Si le dessaisissement est fait en faveur d'une juridiction française, le Commissaire du Gouvernement doit se borner à en aviser le Chef de la Justice indigène qui donne l'ordre de transmettre la procédure à la juridiction française.

Article 46.

La procédure d'instruction étant terminée, le dossier de l'affaire est remis au Président du tribunal qui fixe le jour de l'audience.

Les plaignants, les témoins, les experts, le prévenu s'il est en liberté, sont convoqués en la forme prévue par le code de procédure civile et commerciale. Les prévenus détenus sont conduits à l'audience sur simple ordre de conduite signé du Président.

ມາຕຼາ ໔໕ - ຄ້າການໄຕ່ສວນນັ້ນຫາກກຫ່ວໄຫ້ເຫົາບວ່2ໂຫຽບັນ ເປັນໂຫຽຊ້ຳ
ສວນບິຣຮ່ວແຂວາຄອນຕາ໌ສ໌ນດ້ວບັນຍັກໂວໄນມາຕຼາ ໑໖ ວັກຖອນ ໒ ແຫ່ງ
ກຼ໌ຫມວຽຕ້ແຕຼການບຸຕໍຫັນ ບ້ຳຫ່2ໄຫ້ເຫົາບວ່2ເປັນຄະຣຸໂຫຽຊ້ຳສວນ
ບິະຮ່2ແຂວາຄອນຕາ໌ສ໌ນດ້ວບັນຍັກໂວໄນມາຕຼາ ໑໘ ແຫ່າກຼ໌ຫມວຽຕ້
ແຕຼການບຸຕໍຫັນ ບ້ຳຕຼ2ການຜູ້ໄຕ່ສວນເຫາບວ່2ໂຫຽບັນຕົກຢູ່ໄນຮ່2
ນຍ໌ສວນບິະຮ່2ເມືອາອ້ນ ຕຼ2ການຜູ້ໄຕ່ສວນຕໍ໌ອອກຣ:ບ້າຄັບບວ່2ຕາບນໍ້
ຮ່2ນ2ຖ໌ຈະໄຕ່ສວນໄຕ ແລະບ້າຄັບໄຫ້ວ5ຣ່ວນຮນຄະຕໍ໌ເຮົື2ບັນຍ໌ອມຄ້ອຽ
ຍຮກຄຸກຫາວໄບົຕັບວ2ສວນບິະຮ່2ແຂວາ ບ້າຕໍ໌ບັວ2ສວນບິະຮ່2ເມືອາຊ້ຳນໍ້
ຮ່2ນ2ຖ໌ບັນ -

ຄ້2ຫ່າ2ບອະຫໍ່ບດ໌ຜູ້ຣໍ໌ກຄອາແຂວາ ຕໍ໌ຊ໌ບ້າຄັບສບັບນໍ໌ບເຫົາດໍ໌ອຽ
ກໍ່ຕຮ໌ຍໄຕ5ຣ່ວບຣໍ໌ກຍ:ນໍ່ບຮັນຍ໌ອມຄ້ອຽຣ່ວນນມຫ່າ2ຫນຍ໌ ໄບ໌ຍ໌ສວນນໍ່ເສຽ
ຕໍ໌ຈະຮ່າຕໍ່ໄບົບ໌

ຄ້2ຕຼ2ການຍໍ່ເບັຕາ2ເບ໌ືອອະໄຫ້ສວນຜູ້2ເສຽໄຕ່ສວນຕໍ໌ໄບ໌ນບ໌ ຫ່າ2
ອະຫໍ່ບດ໌ຜູ້ຣໍ໌ກຄອາແຂວາກໍ່ຕາຽໄນລດ2ໄຫ້ເຮົ2ແບ່າການບຸ໌ຕໍຫັນສວນເບ໌ືອ
ບ້າຄັບໄຫ້ວ5ຣ່ວນອນຄະຕໍ໌ໄບຍ໌ຣ່ວນຜູ້2ເສຽຕໍ່ເຫຼ2ບັ້ -

ມາຕຼາ ໔໖ - ເບ໌ືອສ່າເຮກກ2ນໄຕ່ສວນແລ້ວ ຕາຽໄຫ້ວ5ຣ່ວນອນຄະຕໍ໌ເຮົ0ຍ່ານບໍ່ໄຫ້
ແກ່ບາ2ຫນ2ສວນຫໍ່ະໄດ້ຍ໌ເບັ້ມແລະເຖຼວອະໄດ້ບິະຊຸນສວນ -

ຮ່2ຍຮກໂຮກ ຍຽ2ນ ຜູ້ຊຸ່ບ2ະ໌ສ໌ ແລະຜູ້ຄຸກຫາຂຊ້ຳໄດ້ອະນຸ2ຍາ2ບ໌]ຕາ2
ຊຸ້ຄຂ2ອະໄດ້ຄຸກເກາະ:ເຊ2ມາ2ສວນຕາ2ມກະບອນແບ່າ2ກຼ໌ຫມວຽຍ໌ຮ2ຍ:ນ2
ຄວາມແຫ່2ແລະຄ2ຂ2ຽ ຮ່2ຍຮກຜູ້ຄຸກຫາຂຊ້ຳວ່2ຊ້ໄນຕຼ2ຍ2ບັກ໌ຈະໄຄຄມ
ເຊ2ມາຕໍ່ບັວ2ສວນຕວມຫມາຽບ້າຄັບຊຸ່ຫາວຫນ2ສວນອະເປັນຜູ້ເຊຍ຺ຊ້໌ -

ARTICLE 47.

Tout ce qui a été dit aux articles 26 et 27 du code de procé-
dure civile et commerciale concernant la publicité et la police
de l'audience et l'assistance du greffier et aux articles 28, 29, 30,
31, 32 concernant les dépositions des témoins s'applique égale-
ment aux audiences correctionnelles des tribunaux indigènes.

ARTICLE 48.

Après l'audition des plaignants et des témoins successive-
ment et séparément entendus, le Président procède à l'interro-
gatoire du prévenu, à toutes confrontations des prévenus, des
plaignants et des témoins et à toutes représentations des pièces
à conviction.

Le prévenu doit avoir la parole le dernier.

Si le tribunal l'estime nécessaire, il peut ordonner tout sup-
plément d'information.

Dans les affaires où se trouvent impliqués des individus ap-
partenant aux races montagnardes chez lesquelles n'existe au-
cune écriture, il pourra appeler à titre consultatif un ou plusi-
eurs de leurs chefs qualifiés pour s'éclairer sur les mœurs, les
coutumes et les usages des peuplades dont s'agit.

Lorsque les débats sont clos, le jugement doit être immédi-
atement rendu à l'audience même ou au plus tard à l'audience
qui suit les débats.

ມາຕາ ໔໗ - ຂໍ້ຄວາມຊຶ່ງໄດ້ກ່າວແລ້ວໃນມາຕຣາ ໒໖ ແລະ ໒໗ ແບ່າງກຸ່ບຫວງແຍງ ແລະຄັ້ຂຽງວ່າຄວ່ງກາຍຂອງກວິກຊຸ ແລະກວນຫຼະເຫບເຫຼືຂບ່ະຂຸນນວຍ ແລະກວນເຫົ້າຂ່ວນວບບ່ະຂຸນນວຍຂອງກວນຕ່າງ ໆ ນບ ແລະຂໍ້ຄວາມ ຊຶ່ງໄດ້ກ່າວແລ້ວໃນມາຕຣາ ໒໘ - ໒໙ - ໓໐ - ໓໑ ແລະ ໓໒ ວ່າຄວ່ງຄວ່ໃຫ້ ກວນຂອງພນກງຍງວານບບກ່ະໃຊ້ໄດ້ເໝືອນກັນ ໃນເຫຼ່ຍວປ່ະຂຸນນວນລາ ເພື່ອໄກ່ສງພັນຍວກຊ້າຄວ່ພໍໃນຄວາມໂທຽງວບໂທຽ -

ມາຕາ ໔໘ - ເມື່ອໂຈກແລະຍງວນໄດ້ເຫົ້າກວນເສຸແລ້ວ ຂໍ້ຈະຕຽວ່າໄດ້ຜູ້ໃຫ້ເຮຍ ໃຫ້ກວນຄືນນະເຫືອ ແລະຫຼ່ງບໍເຫົ້າເຮຍຂຽດວ່ງກັນ ຫວງຫນວວນວບຕ້ອງ ຜູ້ກວນຄວາມເຮຍຄ່ວໃຫ້ກວນຂອງວ່ເຫຼ່ງ ແລະຜູ້ກວນເຫົ້າວ່ເຫຼ່ງ ໂຈກ ແລະຍງວນເຫົ້າຫຼາຍຮຽວຕໍ່ຜູ້ກວນນໍ່ບິຄ ແລະເຮຍຫຼກຄວນຂອງກວ່າເອກ ຂວ່ງກັນ -

ຄ່າເຫຼ່ງບັນຕ້ອງເຫົ້າເຮຍ ເຫົ້າກວນບ່ວຫ້ຼາງບ່ຜູ້ຫ້ງບິຊ -

ຄ້າວວນເຫົ້າບ່ະບິຄວບ ຈະບ່ງຄບໃຫ້ນັ້ບນວບເພີມຣ່ຳບໃຫ່ບອ້ກກ່ໄດ -

ໃນຄະຄ້ຂໍ້ມ້ຼກຄວາມຫຼສິນຂຸຽຂຶ່ເຫົ້ຍຜູບຣ້ຳກຫນຽວ ຣະວ່ຳກເຮຍ ບວງຂອງເຮຍຜູ້ມ້ຄວາມນວນຂຸ ຜູ້ຫນໍ່ຫ້ຼາຫຼາງຄິ ນວລງບຫ້ຊິຄຸຽກ່ໄດ ເພື່ອເຫົ້າເນດຽເຫົ້ານວບຮູ້ຣ່ຳຄອງຫັນບຽນຂອງຂຸຽເຫຼ່ງບ່ -

ເມື່ອນວນໄດ້ບິຄຼຽວເສຸແລ້ວ ຕຽເຫົ້ານຽຄ່ວພັນນວກຊ່ວໃນຫວ່ໃຄ ຄ້ອວໃນເຫຼ່ວຮ່ວງ ຂໍ້ໄດ້ບິຼຂຸນນວບບ່ ຫ້ຼ່ວຂ້ວຖ່ກຸ່ໃບເຫຼ່ວປ່ະຂຸນນວນນໍ ໃຊ້ນຊ -

Article 49.

Les jugements en matière correctionnelle sont assujettis aux mêmes conditions de forme que les jugements en matière civile et commerciale et en matière de contravention. Ils doivent être motivés à peine de nullité, le texte des articles du code appliqués doivent y être intégralement transcrits.

Il doit être mentionné à la suite du dispositif que le prévenu a été avisé des délais dans lesquels il peut exercer le recours dont le jugement est susceptible. L'omission de cette mention prescrite à peine d'annulation du jugement a pour effet d'empêcher les délais de courir et de permettre aux condamnés d'exercer leurs recours sans autre limitation que celui de la prescription de la peine.

Article 50.

Les prévenus en fuite ou qui n'auront pu être retrouvés mais dont l'identité a pu être établie seront jugés par défaut.

Article 51.

Aussitôt après le prononcé du jugement par défaut, il en sera transmis un extrait au Tassèng du dernier domicile connu du condamné. Cet extrait portera en tête l'indication du siège du tribunal, la date du jugement, l'identité du condamné, la nature du délit et les condamnations prononcées. Il portera en outre les indications des délais dans lesquels le condamné pourra former opposition.

ມາຕາ ໔໘ - ຄຳພິພາກສາໃນະແຍບກໂຫວຽຂຼຶໂຫວຽບໍ ຕ່າງໆໄດ້ລຽໄຫ້ຄຶກ ກ້ອງ ຕາມຮຼບກະບວນເຍ້ມືອນຄຳພິພາກຊຼໃນແຍບກແຍ່ງ ແລະຄຳຂຂງ ແລະ ໃນແຍບກະບຼໂຫວ ຄຳພິພາກຊຼາເຫຼ້ານີ້າອ່າໃຫ້ມີເຫາຕຸກວນຫ້າກ ຄວາມ ຖ້າບໍ່ນະບັສກໍຈະໄຊ້ບໍ່ໄດ້ ສ່ວນມາຕາກໍ່ບເນວຽຫ້າໄດ້ສວາງລຽບນີ້ກໍ ໃຫ້ອຼເນ້ອຄວາມໄວໃນຄຳພິພາກຊຼເທ່ານັ້ນຕ່າຍຈບຕ່າຍ -

ໃນ ຄຳພິພາກຊຼ ແລະຕຳຄ່າເຫານດ໌ ແລະຄຳ ກ້າ ນີ້ຂອງລ໌ວນລຽມລ ບັກການອຼບນວາງໄວ່ວາໄດ້ບອກເຕ້ອນລ່ເລ້ງແລ້ງວ່າລ໌ວນີ້ກ່ວ ບນລຼເທ່າໃ ລບຂຼ໌ຂໍຣະນີ້ອ່ານຂຼຸອທອນຕ່າງຄຳພິພາກຊຼບໍ່ໄດ້ ຖ້າຫາກລ໌ມຫຼຽບໍ່ໄດ້ ອຼບນວາງຂໍຄວາມດຼວ່ວນານີ້ໄວໃນຄຳພິພາກຊຼ ຄຳພິພາກຊຼກ່າຈະຄຶກ ລບລ້າງ ຫ້າອາຼຈະໃຫ້ຜູ້ຫຼາກລຽ ໂຫວຽຂ່ອທອນຕ່າຜູ້ໄຄບໍ່ມີສຽວຈະລ໌ນຊຼ ແລະເສຽວຈະລ໌ນຊຼ ໄດ້ກໍ່ເທ່າເມ້ອບຼຼກ່ວບຼຼ ໂຫວຽຂອງອຼເຫວບໍ່ເຈຼ -

ມາຕາ ໕໐ - ຜູ້ຄຶກບາວຂຶ່ບໍ່ຕຼ ຫ້າຂຶ່ບາວກາງບໍ່ໄດ້ ແລະບາວຊໍ່ກັຕ່ວບໍ່ຮຼບໍະເຍນັ ຂອງເຂຼແລ້ງ ກໍ່ຈະໄດ້ຄຶກກໍ່ຼຳບ໌ເຍ້ມືອນກັນ ໃນຂະຕຼວບລຼກຄວາມບໍ່ມຼ ຕຳຮຼ -

ມາຕາ ໕໑ - ເມ້ອໄດ້ລຽຄຳພິພາກຊຼໂດຍລຼກຄວາມບໍ່ມາກ່າລຼແລ້ງ ຕ່າຍໃຫ້າລຽ ລ້າງຄຳພິພາກຊຼໃບ໌ໃຫ້ການຂແ໌ວຽຂຼຼຼຂໍ້ກ໌ວ່າຜູ້ຄຶກໂຫວຽໄດ້ຊ້ຂຶບຫ້ລ໌ຼບັ -
ລ້າງຄຳພິພາກຊຼາຕ່ອມີຜູ້ບໍ້ເບ້ອຕາບໍຂຶ່ນວານ ອັນທ໌ແບ່າງຄຳພິພາກ ຊຼ ຕ່ວບໍະເຍນັຂອງຜູ້ຄຶກໂຫວຽ ແລະຜັງໃນໂຫວຽຈະຂຼວນໄຄ ແລະໂຫວຽ ຫ້ໄດ້ຕຼ໌ລ໌ນລຽໄວ່ເຂຼນັ ອ໌ກບ໌ຣະກວນບນ໌ງຕ່າງໃຫ້ອຼຼກ່ວບຼຼຼຂ້າຜູ້ຄຶກ ໂຫວຽ ບໍ່ຂ້ບຂຼຸຈະຂທອນໄດ້ບັດວ່ -

Si le condamné est introuvable, cet extrait sera affiché par le Tasséng comme il est dit à l'article 36 ci-dessus pour les jugements de défaut en matière de contravention.

ARTICLE 52.

L'exécution du jugement sur les biens du condamné pour le recouvrement des condamnations pécuniaires et des frais du procès pourra avoir lieu après l'expiration du délai de un mois après l'affichage.

Il y sera procédé dans les formes et suivant les règles édictées aux articles 75 à 85 du code de procédure civile et commerciale.

ARTICLE 53.

Le condamné par défaut qui n'aura pu être retrouvé aura jusqu'à l'expiration des délais de prescription de la peine tels qu'ils sont fixés à l'article 68 du Code pénal en matière correctionnelle pour faire opposition au jugement rendu contre lui.

Le condamné par défaut ayant été condamné à une peine d'emprisonnement qui pourra être découvert avant les délais de prescription de la peine sera incarcéré sur le vu de l'extrait du jugement de condamnation qui lui sera notifié par l'agent de la force publique qui l'aura arrêté. Il aura un délai de quinze jours après cette notification pour faire opposition.

ຕົວບາງຄັ້ງຜູ້ຄຸ້ມໂຮງບໍ່ເຫັນ ຕ້ອງໄຫ້ການເສັຽເອົາ ລວ້າງຄ່າພັນຍກ
ສວນບັບນີ້ຕຸ່ງບຣະກາຣໄວ້ເບມອັ້ນຮ່ວມຂະແລ່ງໄປມາຕຣາ ໓໖ ບັ້ງບັ້ນຳບ້ຽບຄ່າ
ພັນຍກຸ້ງຂຸ້ງໄດ້ລາງໂດງຫຼກຄວາມບັມຂຕ່ຳຮູ້ໄຂະຕຸ້ລະຄົວ ແລະ ບຸໂຮງ -

ມາຕຣາ ໕໒ - ການຈະຣັບເອົາ ຊຸບ ສິ່ງຂອງ ໆ ຜູ້ຄຸ້ມໂຮງ ເຍ້ອ ໂອຸດຄ່າ ລ້ານ ໄບມ ແລະ ຄ່າ
ຫ່ວຂວັນ ທ່ວງ ໆ ແລະ ຄ່າ ຫ້ມບຸຣມ ສວນບັບຈະ ລາງ ມ້ຣບັ້ ຊຸບ ນັບ ໄດ້ແ່ງ ເຊັ່ງ ໄດ້
ກວງ ກ່ວບແມຣ ເກ້ອ ບ ບມິ່ງ ນັບ ຕ້າ ແ ຕງ ນ ໄດ້ ເອົາ ລວ້າງ ຄ່າ ພັນຍກ ຂອງ ກວາຍ
ບໍຣະ ກວຣ ໄຣນ ນັບ ຕ່ຳ ໄຊ -

ການ ຈະ ຣັບ ຊຸບ ນັບ ກົ ຕ້ອງ ບ ຣະ ກ່ຳ ບັ ໃຫ້ ຄຸ້ກ ຕ້ອງ ການ ຫ້ມ ບຣ [illegible]
ໂຣ ໄບ ມາຕຣາ ໓໕ ໂອ ຄິ່ງ ໔໕ ແບ່ງກ ຣ ບມວ ຍ່ຂຣ ຍ ປ ບວ ຄ ລ [illegible] ແລະ
ຄ້າ ຣ ຣ ໄ -

ມາຕຣາ ໕໓ - ຜູ້ຄຸ້ມໂຮງ ໂຣງ ກ່ຳ ບັ ມຂ ໄດ້ ກ່ຳ ຄວາມ ໄປ ມາບ ແລະ ຕົວ ບາງ ກ ບາງ
ຕ່ຣ ຜູ້ ນັບ ບໍ່ ເຫັນ ຜູ້ ຄຸ້ມໂຮງ ຜູ້ ນັບ ຈະ ມ້ອ ຂ ບາ ຊຸ ຫ ຣ ອ ບ ຄ່າ ພັນ ຍ ກ ຂຸ້ງ
ໄດ້ ລາງ ໂຮງ ໄຫ້ ກ່ຳ ການ ນັບ ໄດ້ ເສື່ງ ມ ບິ ຊຸ ກ ໃຈ ເຊ່ຽ ລ ນ ບ ວ ຊຸ ໂຮງ ຄ່ງ ລ ວ ໄ
ໄບ ມາຕຣາ ໖໔ ແບ່ງ ກ ຣ ບມວ ຂ ຣ ຽ ໄ ແບ ບກ ໂຮງ ວ ຣ ໂຮງ ຕົວ ລ ບ
ໄດ້ ລາງ ໂຮງ ຄຸ ກ ໃຫ້ ແ ກ ຜູ້ ຄຸ້ມ ໂຮງ ໂຣ ງ ບ ໄດ້ ມ ຂ ຕ່ຳ ຄວາມ ໄປ ລາບ ຕົວ ເລ ນ
ຕ ງ ຜູ້ ນັບ ເຊ່ຽ ໄ ກ ກ ອ ນ ລ ນ ກ່ວ ບ ຣ ຊ ຂ ບຸ ໂຮງ ກ ຕ້ອງ ໄດ້ ຊ ບ ບຸ ກ ຄ ນ ຜູ້ ນັບ
ໄຊ ກ ກ ຽ ຕ າ ນ ລ ວ ງ ຄ່າ ພັນຍກ ຂຸ່ ພ ຣ ນ ກ ຣ ວ ບ ຜູ້ ຄ ວ ບ ຣ ຊ ອ ງ ແຊ ນ
ຄ ນ ທ ໄດ້ ບ ຜູ້ ຄຸ້ມໂຮງ ນັບ ຈ ໄດ້ ໄຮ ວ ຂ ກ ແ ລ ຄ ງ ໄຫ້ ຜູ້ ຄຸ້ມໂຮງ ຂຸບ -

ຜູ້ ຄຸ້ກ ໂຣ ຣ ຈ ມ ກ່ວ ບ ມຣ ໑໕ ວ ນ ເຍ້ອ ຈະ ຫ ອ ບ ຄ່າ ພັນຍກ ຣ ວ ຣ ບ
ຄ ງ ຂ ຣ ວ ບ ຊ ຊ ພ ຣ ນ ກ ຣ ວ ນ ໄດ້ ແ ລ ຣ ລ ວ ງ ຄ່າ ພັນຍກ ຣ ໄຫ້ ກ ນ ຂຸບ -

Article 54.

Le condamné par défaut ne pourra exercer aucun recours à l'occasion des condamnations pécuniaire exécutées sur ses biens. Au cas d'acquittement ou de réduction de peine, il pourra simplement obtenir restitution des biens qui auront été attribués aux plaignants ou au Trésor. Les frais du premier jugement resteront toujours à sa charge.

Article 55.

L'exécution des jugements contradictoirement rendus en matière correctionnelle ne pourra avoir lieu qu'après l'expiration des délais impartis pour l'exercice de toutes voies de recours.

Article 56.

La durée de la détention préventive subie par les condamnés sera déduite de la durée de la peine prononcée, sauf décision contraire du tribunal.

SECTION III.

Instruction et jugement des crimes

Article 57.

L'instruction préalable en matière criminelle aura lieu dans les mêmes formes et donnera lieu aux mêmes opérations que l'instruction en matière correctionnelle. Les actes d'instruction seront accomplis directement par le Président du tribunal provincial compétent aux termes des articles 18 et suivants du code de l'Organisation judiciaire. Mais il pourra à ces fins ainsi qu'il est dit à l'article 15 ci-dessus déléguer ses pouvoirs à un des juges instructeurs du ressort de sa juridiction.

ມາຕຣາ ໕໔ - ຜູ້ຊຶກຄະດີຍິນຍັບຫຍ້າໃຫ້ເສັຽເຮືນແກ່ກັນກ່ວນ ບໍມີອ້ານກ່ຊາວ່ນເອົາຊັບ ຊິ໑ຂອງໆກັນ ຂ້າງຂວຍໄດ້ເອົາມວຍຍິຍຕຳບົ໑ຄວາມຄ່ວຍຶຍຍ໑ກຣ໑ຍລັບຫຍ້າຍນີ ຖ້ວຜູ້ຊຶກ ໂຫຣຍຍັບຖຶກອົ໑ຽຍ້າໄດ້ຮັບໄຊ້ຍໂຫຣຍ໑໑ໂດຍຍັບໄດ້ອຸທອນ ຍັບນີ ອ້ານ໑ໆໄດ້ຮັບເອົາຄືນ ແຕ່ສວ່ນຊຸບຂອງໆຕານຂ໑ໄດ້ຍກໃຫ້ແກ່ໂຂຣ ຍ້າແກ່ ຄຣຍ້າງໆແຕ່ເທ່ງ໑ຍັບ ຄວ໑ຊຸຍຫຍັນບຸຣຍຄ່ວຍຶຍຍ໑ກຣ໑ຽຸບຕານຍັບ ກ່ຈະຕ່ອ ໃຫ້ແກ່ບຸຄ໑ຍຜູ້ຍັບເຊິນຜູ້ໂຂຽຕີ -

ມາຕຣາ ໕໕ - ກ໑ຍຈະອ້ຽກ່ວ໑ຕ໑ຽຍຄ່ວຍຶຍຍ໑ກຣ໑ ຂ໑ໃໄຄ໑ໄ໑ໃຍ໑ະຄ໑ວຍຊຸກຄວ໑ຍ ໄກຍ໑ວ໑ຍ໑ຳຣູຍກັຍຕ໑ຽຍຫຍັຍຍ຺ຍຍັບ ອະອ້ຽໃຫ້ທ່ວຕ໑ຽຍໄກ້ແ໑ໃຍຄະຍະ ເຍ່ອຊິຍກ່ວຍຍິໆຍກອຍຕຳຍູຸກ໑ຂໍ໑໑ ຂ໑ໄຄ໑ະຍຸຍ໑ໆໃຫ້ແກ່ຊຸກ ຄວ໑ຍ -

ມາຕຣາ ໕໖ - ກ່ວຍຍິຊຸ໑ໄກ້ກກອຍຊຸຜູ້ຊຶກໂຫຣ໑໑ຽ຺ບຍ໑ໄວ້ກ່ອນຍັບ ຕອ່໑ໄໄກ້ບອກ ອອກ໑ວ໑ກກ່ວຍຍິໆໂຫຣ໑ຍ຺ຽນ໑ຽໄກໆຽ່ນຍຍ຺ລ ເຍບໂຂຽກ່ວ໑ອ຺ຍຈະໄຄ໑ ບ່ອຄ຺ບຕ໑ໆຍ຺໑ກ -

---

<h3 style="text-align:center">ໝວ໑ທີ ໓</h3>

ກ໑ຍໂຄ່ຍອຍແລະກ໑ຍຍຶຍຍ໑ກຣ໑ໃຍແຍຍຍກຄະຍຸໂຫຣ

ມາຕຣາ ໕໗ - ກ໑ຍຈະໂຄ່ຍອຍກ່ອຍໃຍແຍຍຍກຄະຍຸໂຫຣ ກ່ຈະໄຄ໑ທ່ວຕ໑ຽຍ຺ຍັນບ຺ຣຍ ຍຽຍກັຍ ແລະຈະໄຄ໑ອ຺ໃກ໑ຍອຍັຈຽຽກ຺ບກ໑ຍໂຄ່ຍະຽໃຍແຍຍຍກໂຫຣ໑ ຍຸໂຫຣ - ກ໑ຍໂຄ່ຍອຍຫ໑ຽ຺ບິຣ໑ຈະແ຺຺ຍຍຫ໑ຍຍຍຣ໑ຊ໑ຍບ຺ະອ຺ຍຂຽ໑ເອ໑ຫ຺ ຍີອ້ານຂຸເຊິນຜູ້ທ່ວຄ໑ຽ຺ວ້າໂວ້ໃຍຍ໑ຕຣ໑ ໑໔ ແລະຍ໑ຕຣ໑ຕຳໃຍແຍ່ງກຫຍ໑ຍຍ໑ ຕ໑ງແຕ່ໆກ໑ຍຍ຺ຕຳຫຍັ ແຕ່ວ່າຍ຺ຽຍັບ ຍຍ໑ຍຍ຺ະອ຺ຍແຍຽ໑ະຍອບອ້ານ ຂອງທ່ວ໑ ໃຫ້ແກ່ຕ໑ຽຍ ຜູ້ໂຄ່ຍອຍຜູ້ຍ຺໑ ໄຍຫ຺ອ຺ຫ຺ຽອ຺ຫ່ວຍກ່ໄຄ ເຍ຺ອຍວ່າໂວ້ໃຍຍ໑ຕຣ໑ ໑໕ ຍັຍນີ -

Si les opérations à exécuter doivent avoir lieu dans une autre Province, le Président du tribunal provincial adressera une commission rogatoire à cet effet au Président du tribunal de cette Province qui pourra subdéléguer à son tour un juge instructeur de son ressort.

ARTICLE 58.

Toute délégation ou commission rogatoire doit être donnée par écrit. Elle peut être générale ou limitée à certains actes d'instruction.

Si elle est limitée, elle doit indiquer clairement l'objet qui la motive et les actes à accomplir ou les questions à poser aux personnes à entendre.

Elle doit être datée, signée du juge et revêtue de son sceau.

ARTICLE 59.

Le juge instructeur délégué doit se conformer exactement au contenu de la délégation qui lui est donnée, l'exécuter scrupuleusement et rapidement et en faire retour à celui de qui elle émane avec les procès-verbaux d'exécution.

ARTICLE 60.

L'instruction et le jugement des affaires criminelles auront lieu devant les tribunaux provinciaux spécialement constitués à cet effet, dans les mêmes formes et suivant les mêmes règles que l'instruction et le jugement des affaires correctionnelles.

Le tribunal pourra, s'il l'estime utile, et lorsqu'il s'agira d'individus appartenant aux races montagnardes, chez lesquels

ຖ້າການໂຕ້ຖຽງນັ້ນຈະໄດ້ກ່ຽວກັບໃນແຂວງອື່ນ ທາງໜ່ວຍງານປະ ຈຳ
ແຂວງຈະໄດ້ເຊີນໃຫ້ປະ ເດັນໂຕ້ຖຽງໄປຢັ້ງທາງໜ່ວຍງານປະ ຈຳແຂວງນັ້ນ ຊຶ່ງຈະ
ມອບໝາຍໃຫ້ພະ ນັກງານ ຕໍ່ໃຫ້ເຂົ້າກັບຜູ້ຮັບຜິດຊອບໃນໝວດກ່ຽວຂ້ອງ ກໍໄດ້
ກໍໄດ້ -

ມາຕຼາ ໕໘ - ການມອບໝາຍຫ້ຽງປະ ເດັນໂຕ້ສົ່ງຫຼຽນ ທາງໄດ້ທ່ວໃຫ້ເປັນທາງ
ອັກສອນ ຈະ ປະ ເດັນໂຕ້ໂຕ້ສົ່ງຕ່າງໆ ຫຼັກໆ ຂ້າໄດ້ ຫຼ້າແຕ່ຂຶ້ນນຳ ຂຶ້ນ ເດກ
ໄດ້ອີກ -

ຖ້າຈະ ປະ ເດັນໂຕ້ສົ່ງແຕ່ຂຶ້ນນຳ ຂຶ້ນໄດ້ ທາງ ຊຸບ ກ ໃຫ້ຈະ ແຈ້ງການ
ເຫດ ແລະການຈະ ໄດ້ທ່ວຫຼ້າ ຄວາມ ທຸກ ຈະ ໄດ້ສອບ ຄວາມ ບຸກ ຄົນ ຊຶ່ງຈະ ໄດ້
ໃຫ້ການ -

ໃນ ໃບ ປະ ເດັນ ໂຕ້ສົ່ງນັ້ນ ທາງ ອຸ ສິ ຖ້ານ ໜ ຊຸນ ແລະ ປະ ຫັບ ຖ່າວ ຂອງ ຖຽ ຂ
ການ ໄຊ -

ມາຕຼາ ໕໙ - ຕາມ ການ ຜູ້ໄດ້ ຮັບ ປະ ເດັນ ໂຕ້ສົ່ງນັ້ນ ທາງ ໃຫ້ ປະ ຕຳບໍ ໃຫ້ ຖືກ ທາງ
ຕາມ ທຸກ ຂຶ້ນ ຂຶ້ນ ແຈ້ງ ໃນ ໃບ ປະ ເດັນ ໂຕ້ສົ່ງນັ້ນ ທຸກ ປະ ການ ແລະ ຖ້າ ທ່ວ
ຄວາມ ໃຫ້ ຈະ ຊອຍ ແລະ ໂຄ ເຊ ຄອຍ ແລ້ວ ຈຽກ ຮັບ ຄືນ ໃຫ້ ຢັ່ງ ຕາມ ການ ຜູ້ ໄດ້
ມອບ ໝາຍ ເຂົ້າ ຕາມ ນັ້ນ ພ້ອມ ດ້ວຍ ໃ ໝ ວງ ບັນ ທຶກ ແລ ຖ່າ ເຫດ ການ ຊຳ ຕາມ
ໄດ້ ຮ່ວ ຕາມ -

ມາຕຼາ ໖໐ - ການໂຕ້ສົ່ງ ແລະ ການ ຕັ້ງ ຮັບ ຄະ ດີ ຍະ ແນກ ຄະ ຊຸ ໂຫ ຽບ ນ ທາງ
ໄດ້ ທ່ວ ຕຳ ໜ້າ ໜ່ວຍ ປະ ຈຳ ແຂວງ ຂ້ຳ ຈະ ໄດ້ ທາງ ຈັ້ນ ຍະ ແນ ຍະ ຄະ ເຮື້ອ ນັ້ນ
ແລະ ທາງ ເຂົ້າ ໂຕ້ສົ່ງ ແລ ຕັ້ງ ໃນ ຕາມ ຮູບ ການ ບົນ ແລະ ຫັ້ນ ບ່ງ ບວ ເໜືອນ
ຄະ ດີ ແຍກ ໂຫ ຽວ ໂຫ ຽບ ນ ແລະ ຖ້າ ຊຸກ ຄວາມ ເປັນ ຊາດ ຄົນ ຢ່ ເທົ່າ ຍ

n'existe aucune écriture, appeler à titre consultatif un de leurs
chefs pour déclarer sur les mœurs, coutumes et usages de la
race.

ARTICLE 61.

Les règles applicables aux jugements par défaut en matière
correctionnelle sont applicables en matière criminelle. Cepen-
dant lorsque le condamné est en fuite et n'a pu être retrouvé
le délai d'opposition est porté à vingt ans durée égale aux délais
de prescription de la peine.

Ces délais courent du jour où le jugement est devenu défi-
nitif et a été affiché ainsi qu'il a été dit ci-dessus.

ARTICLE 62

Lorsque le condamné défaillant aura pu être arrêté, l'extrait
de jugement de condamnation devra lui être signifié immé-
diatement. Il aura, à partir de cette notification, un délai de
quinze jours pour faire opposition et après les délais d'opposi-
tion s'il n'a pas usé de cette voie de recours il aura le droit de
faire appel devant le tribunal supérieur dans les formes et dé-
lais fixés aux articles 76 et 78 ci-après.

Mention de ces délais et de l'avis qui en aura été donné au
condamné devra être faite à la suite du dispositif de l'extrait
du jugement.

ບໍ່ຣູ້ແລະບໍ່ມີເຈຕນາ ຄວາມຂນເຫ່ານະເປັນຜິະໂທຍ ຈະຕ້ອງເອົາຂຸງຂອງເຂົາ
ຜູ້ບໍ່ຮູ້ກ່ຽວກັບ ມະເປັນທີ່ຕົ້ນກ່າ ເຣ່ອນວ່ຽງຄອງຫ່ານບຸຄ ຂອງຂຸ໌
ຂອງເຮົາກໍໄດ້ -

ມາຕຣາ ໖໑ - ວິທີແລະຫ່ານບຸຣມຍົມຍາກກ່າ ຈະຕ້ອງຂລກ ຄວາມບໍ່ໄດ້ມະຕໍ່ນູ້ ຕໍ
ບັຂວຣວາຍໄພແຍນວກ ໂຫຣ່ຂບຸ ໂຫຣ່ບນີ ກໍໃຫ້ໄດ້ນວ່ບຫ່ບ ກວມຍົມຍາກກ່າ
ໄພແຍນວກຄະຣູໂຫຣ່ຍົມ່ອນກັບ ແຕ່ຄົວບາວກວ່ວຜູ້ຕົ້ກໂຫຣ່ໄດ້ບໍ່ຈິງໃຈ
ແລະບາວຕິງບໍ່ໄດ້ ກ່ວບັຫ່ ຣະຂະບຸບ໌ຽເຮົາແກ່ຜູ້ຕົ້ກໂຫຣ່ຂຸຫອງ ຕໍ່ຜູ້ຕໍ
ຍົມຍາກກ່າ່ບຈະມີຂຸວບີ ເຫຼກກັບກັບກ່ວບຫ່ຍ ຂບຸໂຫຣ່ບນແລ -

ກ່ວບຫ່ຍ ເລຼ່າບໍ່ຈະນັບຕໍ່ແຕ່ວັນທີ ຂຸ່ຄ່ວຍົມຍວກກ່າ່ວ່ຍເປັນເຕ່ຽຂຸ
ແລ້ວ ແລະໄດ້ຕໍ່ຽ່ເຣກ ຽງເຫ່ຍມ່ອງໄດ້ວ່ມ່ວແລ້ວບນບ໌ -

ມາຕຣາ ໖໒ - ຕົ່ວບາວກຈັບໄດ້ຜູ້ຕົ້ກໂຫຣ່ ຂຸ່ວບໍ່ໄດ້ມະຕໍ່ນູ້ຕໍ່ບັວ.ວ.ວບບນ໌ ກ່ຕ໌ຽ
ໃຫ້ແຂ່່ຄ່ວຍົມຍວກກ່າ ຂຸ໌ໄດ້ນໍ້ໂຫຣ່ເຮຼວບນ໌ໃຫ້ເຮຼຖຸ.ຍ.ບໄພເຫ່ບໄດ້ ບບ໌
ຕໍ່ແຕ່ວັນໄດ້ແລຄ.ຄ່ວຍຍວກກ່າໃຫ້ເຮຼຖຸ.ຍ.ບໄຽ່ບ໌ ເຽຽ.ຈະມິກ່ວບນິ.ຣ
ນບິບາວວັນເຍ່ອະ:ຂຸຫອງຕໍ່ນູ ແລະຕົ່ວກາ.ຍກ່ວບຸລຸ໌ບໍ່ແລງຕົ່ວເຮຼວບາວກ
ບ໌ຂຸຫອງ.ຕໍ່ນຸຽ.ຍ.ຈະມ່ອ່ບວ.ຽ.ຂຸຫອງຕໍ່ວ.ວ.ຍົມເຣຼ.ນບລວ້ຍ.ອ໌ກ.ຕ.ວ.ອຽບກະ
ບວນແລະກ່ວບຫ່ຣ.ຂຸ໌.ຍ.ຈະໄດ້ນໍ້ວ.ມ.ຍ.ມາຕຣາ ໗໖ ແລະ ໗໘ ຕໍ່ໄປ໌ນິ -

ກ່ວບຫ່ຣ.ເລຼາ.ບໍ່ຍຍອມຄວ.ໄ.ງ. ກ.ຍ.ບ່ວ.ວ.ໄດ້.ຖຸ.ກ ເຕ່ອບັ.ຜູ້ຕົ້ກ.ໂຫຣ່.ແລ້ງ.ບບ໌
ຕໍ້ຽ.ໄດ້.ຂຸ໌.ຕໍ.ກັບ.ຄ່ວ.ເຫ່ານ.ຕໍ.ແລະ.ກ່.ຣ.ຍ.ນ.ແບ່ນ.ຍ.ຄ່ວ.ຍົມ.ຍ.ວ.ກ.ກ່າ.ນ.ມ.ໄ.ວ່ -

Article 63

Les jugements en matière criminelle sont exécutoires sur la personne et les biens du condamné sauf ce qui est dit aux articles 11 et 12 du Code pénal pour les condamnations capitales dès qu'ils ont acquis l'autorité de la chose jugée par l'expiration des différents délais de recours.

Article 64

La détention préventive ne pourra être déduite de la durée de la peine que lorsque, par l'admission des circonstances atténuantes, il aura été prononcé par la juridiction criminelle une simple peine d'emprisonnement.

Article 65

Les condamnés aux travaux forcés pourront être transférés au Pénitencier de Poulo Condor ou à la section de pénitencier de Phongsaly.

CHAPITRE III

SECTION 1re

Causes qui peuvent empêcher des Magistrats de siéger et des Juridictions de se constituer.

Article 66

Les règles édictées au Code de l'Organisation judiciaire pour la constitution des juridictions appelées à siéger en matière pénale doivent être observées à peine de nullité.

ມາຕຣາ ໖໓ - ຄ່າພິນຍາກຣາໃນແພນກຄະຊຸໂທຮ, ຈະໂດຈຸ້ໃຫ້າທ່າງຕາມໄວ້ຕາງ ຫ້າໄວ່ຊຸບນັງຂອງ ໆ ບຸກຄນິ ຊຸ້ຖຶກໂທຮ,ນັບ ນອກຈາກນະຄວນຫ້າງໄວ້ ໃນມາຕຣາ ໑໑ ແລະ ໑໒ ແຫາງກິຸບຫາງຂວງງາວ່າຄັງ ໂຫຮ,ເຄົ້າບຶ:ຫາຍ ຊຸ້ຖິ ເຫຼຍຄ່າພິນຍາກຣາບັບໂຊໄດ້ເບິນເຄົຸງ຺ຂຂ,ແລັງຄັງ,ງາວັນກຳາບິຍ ຕາງ ໆ ແຍົຂຈະຊຸຫາອນຄຸ່ນຸບໄດ້ຕ່າໃຕິຍ໌ກ -

ມາຕຣາ ໖໔ - ກ່າບນິຍຫ້ໄດກກັຊຳຸລ່າງບນ໌າໄວ້ບັບ ຈະບອກອອກຈາກໂຫຮ,ຫ້ໄດ້ນຳ ໄວ່ບຸກຄນິຜູ້ບນຳ ໄດແຕ່ໄນຄະນະເນ້ອງຈາບພິນຍາກຣາຄະຄ໌ຄະຊຸໂຫຮ,ໄດ້ ຫ້າບເບິນຊ້ຳງວ່ານີເຫາຕຸກາບ ຄວນກະຊຸນາແຄ່ບຸກຄນິຜູ້ບນ ແລັງໄດ້ນຳ ແຕ່ໂຫຮ,ຈ່າຄຸກນ່ຳງຫຼງ -

ມາຕຣາ ໖໕ - ບຸກຄນິຊຳຸຖຶກ ໂຫຮ,ທ່າການ ຣພ຺ຍະ:ບຸກາບນັ ຈະໄດ້ນຳໃຕິຈ່າໄວ້ຫ໌ໂຮ,ຈ່າເກະຕຼຼງຸຍ (ບຶບໂລກ຺ຳຄ) ຫ້ໂຮ,ຈ່າຫ້ໄເນ້ອງຍນອງຸລະລິ -

---

ບັຣິຫ຺ ໓

ບນ ໑ ຫ຺ ໑

ເຫາຕຸກາວຂາງຍ຺ຈະຫ່າບໂຫ້າຕາຽ:ຖຄາບາຮ່໌ຂວນໄດ້ ແລະບໍ່ໃຫ້າຖ໌ຸແຕ່ງ ຂວນນັບຊຶນໄດ້ -

---

ມາຕຣາ ໖໖ - ຈະບຽບຂໍ່າງ ແລະຫ້ສນຍ຺ນມຫ໌ໂດບັບຢຸໄວ້ໃນກິຸບຫາງຽຕ໌ງແຕ່ງການ ຍຸຖ຺ຫ຺ມນ໌ວບ້າ຺ບກວາ:ຕ໌ງແຕ່ງຂວນ ຊ຺ງຈະໄດ້ພິນຍາກຣາຄະຄ໌ແພນກຂວງຽຼ ບັບ ຕາຽຼຂ຺ຈ່າໃຕິຫ່າໃຫ້າຖ໌ຸກຕາ່ງຕາວມຫຸກ່ຂ ຄ່າບໍ:ນັບກ່າຈະເບິນກາບ ໃຊ຺ບໍໄດ້ -

Article 67

En outre des empêchements pour cause de maladie ou autres impossibilités physiques les juges peuvent être empêchés de siéger dans les cas ci-après:

1° — ne peuvent participer au jugement de la même affaire les magistrats titulaires, assesseurs ou suppléants parents ou alliés en ligne directe, descendante ou ascendante sans limitation et en ligne collatérale jusqu'au degré de frère, oncle et neveu.

2° — ne peut participer au jugement d'une affaire tout magistrat parent ou allié d'un plaignant ou d'un prévenu au même degré.

3° — ne peuvent siéger les magistrats dans les affaires où sont impliqués soit comme prévenus ou plaignants soit leurs créanciers soit leurs débiteurs soit les personnes contre lesquelles ils auraient des causes graves d'inimitié.

Article 68

Tout magistrat empêché de siéger pour une des causes prévues à l'article précédent ou qui estimera pour d'autres motifs ne pouvoir participer au jugement d'une affaire devra se déporter.

Les prévenus ou plaignants pourront de leur côté, pour les mêmes causes, récuser tout magistrat soit pour l'instruction soit pour le jugement de l'affaire où ils se trouvent impliqués ou intéressés.

Article 69

Seuls les empêchements résultant de la parenté ou de l'alliance sont applicables aux greffiers.

ມາຕຣາ ໖໗ - ນອກຈາກຂໍ້ຂອງຄ່າງການເຊບເຊີນ ບ້າການຕ້ອງໄຊ້ຊ່າງຄັງຮ້າງການ
ຊົງໄຄວ່າງບ້ຽງຊ່າງການຈະນັ່ງສວນບໍ່ໄຄ້ອີກໃນນະເທຽນຕ່າງໆ ຫ້າລະວ່າ
ຕໍ່ໄປນີ້ -

໑ - ຈະນັ່ງສວນພິພາກສາຄະດີເຮື່ອງດ່ງນບໍ່ໄຄ້ນັ່ນ ຄືຜູ້ການເຈົ້າຫ້ ບ້າ
ຜູ້ການຜູ້ແຫນເຈົ້າຂໍ້ເຊີນຍວນພິນຂ້າງກັນ່ນບໍ່ສັນຄາມ ບ້ານ ຍຕໍ່ພິນນ້ອງ
ຂໍ້ນບຸຍະການຊີ ຈະແຫນຂຶ້ນຈ່ວບ້າຂຶ້ນບ້ວງໆ ກໍ່ການ ແລະຍຕໍ່ພິນນ້ອງ
ຫ່າງຊົ້ວເຊີງຂຶ້ນຂ້າງນ້ອງ ລຸງ ອາ ນ້າ ແລະຫລານບຸງ -

໒ - ຈະນັ່ງຮວມພິນຍວນການຄະດີເຮື່ອງນບໍ່ໄຄ້ນັ່ນ ຜູ້ການຜູ້ໄຄ້ຮູ້ເຊີນ
ຍາຕໍ່ພິນນ້ອງ ບ້າເຊີວັຂຶ້ງຂ່າງໂຄຍ ບ້າວັ່ນຜູ້ຖຶກບາຊຸບ່ງຄ່າວ່
ນວໃນບິນນີ້ -

໓ - ຄະດີໄຄຜູ້ຖຶກບາງບ້າໂຄຍໄຄ້ເຊີນເຈົ້ານບ້າເຊີນຍຽວການນັນກ່ອຄ ບ້າ
ຜູ້ການນບຸ້ເຫາຍເຊີນສຸ່ຜູ່ເຊຽກ່ອຄ້ຜູ່ການນບັນກ່ອຈະນັ່ງສວນພິນຍວກ
ສວຄະຄ້ບໍ່ໄຄ້ -

ມາຕຣາ ໖໘ - ຜູ້ການຜູ້ໄຄ້ມີຄວາມຂໍ້ຂອງ ຣະບໍ່ໄຄ້ນັ່ງສວນ ໂຄຍເຫາຕຸນບ້ຽ ເຫາຕຸ
ໄຄຄ້ຮວມ ໃນມາຕຣາບິນນີ້ບ້າເຫ້ານບ່ວ່າງຈະນັ່ງສວນພິນຍບ້ຽນບ້ຽກ ຄະຄ
ເຮື່ອງນບ້ຽບໍ່ໄຄ້ ໂຄຍເຫາຕຸນບ້ຽ ໆ ອ້ກກ່ອຕ້ອງໄຫ້ຜູ້ການນບຸ້່ນພ້ງຄວາມທາງເຊ່ -

ນ່ວມຍບ່ານຄ່ວເນີງ ບ້າໂຄຍໂຄຍເຫາຕຸດ່ງກຽບາບ່ຣະຄ້ວນຜູ່ການ ໃຫນບ້ຽ
ຜູ່ໄຄກ່ໄຄ້ເຫຍີບໍ່ໄຫ້ຜູ່ການນຜູ່ນັບ ໃຕ່ນ່ວມພິນຍວກ ຄະ..........ບນ້ຽຂຶ
ຜູ່ການນຜູ່ນັບກ່ວງຄ່ວບ້າ ໄຄ້ຣັບພິນຄ່ວ -

ມາຕຣາ ໖໙ - ນ່ອນຍ່ວສວນຈະນັ່ງສວນບໍ່ໄຄ້ນັ່ນ ແຕ່ໃນນະຄວານເຊີນຍຕໍ່ພິນນ້ອງ ບ້າ
ເຊີນເຊີຍເຊີງເທີນນັນແຄ -

SECTION II

Mises en cause, inculpations de témoins et autres personnes étrangères au procès.

ARTICLE 70

Pendant les débats qui se poursuivent devant elle, toute juridiction correctionnelle ou criminelle pourra, en cours d'audience, ordonner la mise en cause de toute personne pécuniairement responsable de l'infraction poursuivie conformément aux articles 50 et 51 du Code pénal.

De même lorsqu'au cours des débats les juges estimeront qu'il y a lieu d'inculper de participation à l'infraction soit comme auteur soit comme complice une personne qui est restée étrangère aux poursuites ou qui en a été écartée et qui n'est pas présente aux débats, il doit être sursis à la continuation du procès. Il est alors procédé au supplément d'information nécessité par la nouvelle inculpation.

ARTICLE 71.

Si la personne que les Juges estiment devoir inculper dans le procès se trouve présente à l'audience, son inculpation et son arrestation pourront être ordonnées séance tenante.

Il sera procédé immédiatement à son interrogatoire et à tous actes d'instruction à l'audience même s'il y a lieu ou à une audience ultérieure.

ບ່ວນ ໑ ຫ້ ໒

ວ່າດ້ວຍກ່ວນໂຈຽເຫ່ວ່ວນຍຽ່ວນຫ້ານບຸກຄລະຫ້ວຽ່ວ່ງວຂະຄ໌ -

ມ່າຕາ ໓໐ - ໃນເຈ່ຽ່ວ່ວ່ບ໌ກ່ສ່າ່ໄຕ່ລ່ວ່ນຄ່າ່ບ່ນ໌໒ລ່ວ່ນຂ້ືບ້ນ ລ່ວ່ນແຍບ່ນ໌ໂຫ່ຍ່ວ່ນ໌ໂຫ່ຍ ບ້າ້ຄະຊ່ໂຫ່ຍ່ໃນຄະນະເມ້ືອ່ປີະ ຂ້ມ່ວ່ນ່ຍ້ຶບ່ນ ຊະບ້ຽ່ຄັບໂຫ່ວໂຈຽ່ຫ່ວ່ບຸກຄ່ນິຍ້ຶ ຫ່ນ່ຽ່ຍ້ໂໄດກ່ໄດຍ້າເຈ່ນ່ຍ້ຶ່ບ່ຍ້ຶ່ຣ້ບ່ຍ່ຣ່ບຸຍ່ບ່ເສ່ຽ່ແ໌ຕ່ຽ່ລ່ນ່ບ່ຍ່ເຄ່ືນໃນກ່ວ່ນ່ບ່ກ່ະຫ່າ ຍ້ຽ່ນ໌ຄ່ຶ່ບ່ນ໌໑໑ຍ້ຶ໌ມ້ໂໂຫ່ຍ່ຕ່ວ່ນ່ມ່າຕ່າ ໕໐ ແລະ ໕໑ ແຫ່ຽ່ກຣ່ຶ່ບ່ນ໌ຽ່ຂ່ວ່ງ່ຽ່າ -

ໃນ່ລະຄ່ວ່ນ່ດ່ຽ່ວ່ກ່ບ່ນ້ ໃນຄະນະເມ້ືອປີກ່ວ່ນໄຕ່ລ່ວ່ນຂ້ືບ້ນ ຄ້ວ່ຽ່າກ່ວ່ນ ເຫ່ນ່ລ່ວ່ຄ່ວ່ນ່ຫ່າ່ວ່ລ່ວ່ບຸກຄ່ນ່ບ່ຍ້ຶ່ຫ່ນ່ຽ່ຫ້ກ່ຶ່ຍ່ຂ່ຄ່ະຄ໌ບ້າ ໄດຄ່ວ່ນ່ອອກ່ລ່ວ່ບ່ກ່ຽ່ໃນ ຄະຄ໌ແລະບ່ຍ່ໃນ່ລ່ວ່ເຈ່ຽ່ບ໌ກ່ສ່າໄຕ່ລ່ວ່ນ່ບ່ນ່ໄດ໌ມ່ຄ່ບ່ກ່ບ່ກ່ະຫ່າ່ຍ່ຍ່ນ່ຽ ຫ່ນ່ຽ່ໂຄ່ຽ່ໂໄດ່ເຈ່ນ່ຕ່ນ່ມຸ່ບ່ຍ່ະ່ເຫ່າ່ຕ່ກ່ດ່ບ້າ ໄດ່ເຈ່ນ່ຍ້ຶ່ລ່ມ້ຣ້ຶ່ເຈ່ນ່ໃຄ່ກ່ດ່ກ່ຕ່າຽ່າໃຫ້ ຽ່ຖ່ກ່ວ່ນ່ບ໌ກ່ສ່າ ເຕ່ລ່ວ່ບ່ຄ່ະຄ໌ບ້ນ່ເສ່ຽ່ ເຫ່ອ່ຣະຕ່າ່ຽ່າໄດໄຕ່ລ່ວ່ນ່ເຍ່ມ່ເຕ່ມ ໃນ ກ່ວ່ຍ່ໂຄ່ໂຈຽ່ຫ່ວ່ໃຍ່ບ່ຍ່ຍ່ -

ມ່າຕາ ໓໑ - ຄ້ວ່ບຸກຄ່ນິຂ້ຽ່ຄ່ຽ່າກ່ວ່ນ່ບ່ເຫ່າ່ບ່ຄ່ອ່ນ ໂຈຽ່ຫ່ວ່າ່ຽ່ກ່ຽ່ໂໃນຄະຄ໌ເອ້ຽ່ຽ່ຫ່ນ່ຽ ຫ່ວ່ວ່ກ່ຕ່ໃນ່ລ່ວ່ນ່ເຈ່ຽ່ວ່ອ໌ະຂ່ມ່ກ່ບ່ນ່ບ່ ຊະບ້ຽ່ຄັບໂຫ່ວ່ຄ່ບ່ກ່ມ່ຍ້ຶ່ບ່ນ່ໃນ່ຫ່ຽ່ບ່ໄດ່ກ່ ໄດ໌ -

ຊະຕ່າ່ຽ່າ່ໄດ່ຄ່ວ່ນ່ເອ່ວ່ຄ່ວ່າໃຫ່າ່ກ່ວ່ນ່ຂ່ອ່ງ່ບຸກຄ່ນິຍ້ຶ່ບ່ນ່ໃນ່ຫ່ວ່ນ່ໄດ ແລະ ຄ້ວ່ ເຫ່ນ່ລ່ມ່ຄ່ອ່ນ່ຊະບ້ຽ່ຄັບໄຫ້ຽ່ຖ່ກ່ວ່ນ່ໄຕ່ລ່ວ່ນ່ບ່າ່ວ່ຽ່າ່ຽ່າ ອ້ກ່ໃນ່ລ່ວ່ວ່ອ໌ະຂ່ມ່ລ່ວ່ນ່ ບ່ນ່ກ່ໄດ່ບ້າ່ລ່ວ່ວ່ອ໌ະຂ່ມ່ລ່ວ່ນ່ເຫ່ືອ່ລ່ນ່ບ່ອ໌ກ່ກ່ໄດ -

ARTICLE 72,

Les tribunaux correctionnels ou criminels pourront, dans les mêmes conditions, inculper en cours d'audience, toute personne appelée en qualité de témoin dans une affaire et qu'ils estiment devoir impliquer dans cette affaire. Il leur appartient d'autre part de se saisir de la connaissance des faux témoignages constatés au cours des audiences.

Titre II

Voies de recours

CHAPITRE Ier

Appel

SECTION I
Des diverses personnes qui peuvent appeler et des effets de l'appel.

ARTICLE 73

L'appel contre les jugements de simple police susceptibles de cette voie de recours et contre les jugements correctionnels rendus par les tribunaux indigènes, de même que contre les jugements rendus en matière correctionnelle par les tribunaux provinciaux conformément aux articles 7, 16 § 2 du Code de l'Organisation judiciaire et contre les jugements rendus par les mêmes tribunaux constitués en juridictions criminelles conformément à l'article 18 du même code pourra être relevé :

ມາຕາ ໗໒ - ເນາະດ້ວຍດ້ວງກັນ ສວນແຍນກໂທຮ່ວນບຸໂທຮ ບັ້າຄະຣຸໂທຮ ໃນ
ເຫຍ້ວບິຮຂຸນສວນຂົ້ນບັ ຣະໂຈຽບ່າວ່ານີ້ໂທຮ່ກໍ່ໂດ ບຸກຄົນຊົ່າໄດ້ມາເປັນ
ຍ່ຽວນໃນຄະດີເຮື່ອງນັ້ນໆ ແລະສວນເຫ່າະວ່າ ຄວນວ່າບຸກຄົນຜູ່ນັ້ນມີໂທຮ
ໃນຄະດີເຮື່ອງໆງ່ຽວນັ້ນດັ່ງ -

ອີກບິະການນັ້ນໆ ໃຫ່ເຫຍ້ວບິຮຂຸນສວນດ້ວເຫ່າ່ວ່າຍ່ຽວນໃຫ້ການເປັນ
ຄວາມເຫັນ ກໍ່ໃຫ້ສວນເປັນຜູ່ໄຕ່ສວນພ້ຽຍການເອງ -

ພາກ ທີ ໒

ຫວ່າ ດ້ວຍ ອຸທາ ຫຽນ ຕໍ່ ຜູ້ -

ບັ ທີ ໑

ກຽວ ນ ອຸ ຫ ອນ -

ໝວດ ທີ ໑

ວ່າດ້ວຍບຸກຄົນທີ່ມີອ້ານາຈອຸທາອນ ແລະເບາຕຸຜິນຂອງການບຸທາອນ -

ມາຕາ ໗໓ - ບຸກຄົນຊົ່າຈະມີຊຸຕໍ່ເປັນ ຈະມອວນາຈອຸທາອນບຸໄດ້ຕໍ່ຄ່ວພັ້ນຍາກຽາ
ແຍນກລະບຸໂທຮຊົ່າຄວນຣະອຸທາອນໂດ ແລະຕໍ່ຄ່ວພັ້ນຍວກຽ່ວແຍນກໂທ
ສວນໂທຮຊົ່າສວນນວນໄດ້ນ້ຽຕໍ່ເຣັ່ນ ແລະຕໍ່ຄ່ວພັ້ນຍວກຽ່ວແຍນກໂທຮ
ບຸໂທຮຊົ່າສວນບິະວ່າແຂງໄດ້ນ້ຽຕໍ່ເຣັ່ນຊົ່ກຕ້ອງຂອງຄວາມມາຕາ ໗ ແລະ ໑໖
ວັກ ໒ ແຕ່ວ່າກົດໝາຍຕ່າງເຕຽບຍຸຕໍ່ຫັນ ແລະຕໍ່ຄ່ວພັ້ນຍວກຽ່ວຂອງສວນ
ຍຸດຽວນີ້ຊົ່ໄດ້ຕ້ຽກັນໃຫ້າເປັນສວນພ້ຽຍກຽ່ວແຍນກຄະຣຸໂທຮ ເໝືອນ
ໄດ້ວ່າໄວ້ມາຕາ ໑໘ ແຕ່ວ່າກົດໝາຍຕ່າງເຕຽບກຽ່ວບຸຕໍ່ຫັນດໍ -

1° — par le condamné,

2° — par la personne civilement responsable.

3° — par la partie plaignante,

4° — par les Commissaires du Gouvernement pour les jugements rendus par les tribunaux indigènes de leur province,

5° — par le Résident Supérieur, Chef de la justice indigène, pour les jugements rendus par les tribunaux provinciaux en quelque matière que ce soit.

ARTICLE 74

L'appel interjeté par le condamné ne peut jamais avoir pour effet d'aggraver sa situation. Le jugement sur cet appel ne peut que confirmer ou réduire la peine prononcée ou ordonner l'acquittement.

L'appel interjeté par la partie civilement responsable du crime ou du délit ou de la contravention ne saisira la juridiction de 2è degré qu'en ce qui concerne les condamnations pécuniaires atteignant la personne civilement responsable.

L'appel interjeté par la seule partie plaignante ne saisira la juridiction de 2è degré que des questions relatives aux intérêts pécuniaires de cette partie.

ຂໍ ໑ - ຜູ້ຖືກໂທດ -

ຂໍ ໒ - ບຸກຄົນຊຶ່ງບໍ່ຍິນຮັບຂອບຂວາງແຜ່ນໆ -

ຂໍ ໓ - ຜູກຄວາມຜິດຕ່າງໆຍ່າງ -

ຂໍ ໔ - ຫວ່າງຫະບໍບັດຜູ້ບໍກຈອງແຂວງກຳຄວນຍິນຍາກຖ່າ ຊຶ່ງນວນລວງໄນ ແຂວງຂອງຫວ່າງໂດຍລິຍຕຸ່ນຳບ -

ຂໍ ໕ - ຫວ່າງຜູ້ນວເຈຣນ່າງຸະການ ເຈິະເບົ່າງການຕຸຕຳຫັມຍັບເນື່ອງຕຳຄວ ຍິນຍາກຊຸ່ງນວນບິະຈ່າແຂງໂດຍລິຍຕຸ່ນຳບໄນແຜນກໄຕໆ ກຳດຶ -

ມ2ฏ2 ໗໔ - ຄວຂຸຫວອນຊຸ່ຜູ້ຖືກໂທດໂຄຫ່ວບັບ ບ່ອ2 ຈະມິຜນໂຫ ໂຫຍຂອງຜູ້ ຂຸຫວອນບັນບຫັກກຳມອຶກບໂຄເບິ່ງວ່າຂຂຸ ແລະຄ່າຍິນຍາກຖ່າໄນແຜນກ ຂຸຫວອນຂວ2 ມິຕໍໂຫ່ຕຸ່ນຳບຖຶກຕ່າຽ ຕ2ນຄ່າຍິນຍາກຖ່າຊຸ່ຜູ້ຖືກ ໂຫຍ ໄຄ້ຂຸຫວອນບັນບຫ້ານໄ ຍ່ອນໂຫຍລິຍຫ້າຕຸ່ນຳບ ໂຫາຍິນໂຫຍຽ່ຕິວຜູ້ຖືກໂຫຍ ແຕ່ຫວບັບ -

ຄວຂຸຫວອນຂອງຜູ້ຮັບຜ່ນ ຂຸອບຫວ2າຍແຍ່ໆໂຍຄະຄຳ ຄ2ບຄະຈຸໂຫຍ ຍ່ຳ ໂຫຍຂບຸ ໂຫຍ ຍ້ານຍ່າໂຫຍກຳະຂຸຫວອນຂັບຕຳ2ນວງຂຸບຫຳ ໒ ໄຄ້ ຈ່າຍຍ2ະ ແຕ່ໂຫຍຫຸ່ງຽ່າຄ້ຳຜູ້ຮັບຍ່າຸຂຸອບຫວ2າແຍ່ຽ ຖຶກຕຸ່ນຳບ -

ຄວຂ່ຫວອນຂວ2າໄວງຽ່ໂຫຍຽໂຍ2ນິຈຳນ2ນຂຸບຫຳ ໒ ກຳະໂຄແຕ່ຄວຍຍ2ະຂຳະເຈ່ຽ ຫວ2ຍຂຸບຜູ້ກ2ງກຳບໂຫຽຸບັບ

L'appel émanant du Résident Supérieur, Chef de la justice indigène au La ส ou des Commissaires du Gouvernement, ses substituts agissant en cette qualité, en vertu d'une délégation permanente, aura pour effet de saisir la juridiction du 2ᵉ degré de l'intégralité de l'affaire et de traduire devant elle tous ceux qui avaient comparu devant les Juges du 1er degré remettant en question l'affaire entière telle qu'elle avait été soumise aux premiers juges. Par suite, cet appel est toujours illimité.

ARTICLE 75.

L'appel en matière pénale a pour effet de suspendre l'exécution du jugement jusqu'au jugement par la juridiction du second degré.

Cet effet suspensif s'applique aussi bien à l'acquittement qu'à la condamnation pécuniaire contre tout prévenu. Par suite la détention préventive lorsqu'elle aura eu lieu sera maintenue jusqu'à l'expiration des délais de l'appel.

SECTION II

Délai et forme de l'appel.

ARTICLE 76.

L'appel émanant du condamné, de la personne civilement responsable ou de la partie plaignante, doit à peine de forclusion être interjeté dans un délai de 15 jours qui courra :

1° — pour le condamné présent au prononcé du jugement à partir du jour où le jugement aura été rendu.

ຕົວແທນການແນນຫ່ວນຜູ້ ຊ່ວເຮືອວາຊຸະການເຫັວແທ່າການບຳຫັນຍ້ນ
ເມືອງບ່ຽເຫຼນວນ ຫ້າຫ່ວນຄະກຳບົດຜູ້ວິກຄອງແຊງກຊ້າໄດ້ນບ່ບໍ່ວໍ່ນນຸ
ຂອງຫ່ວນຜູ້ນ່ວເຮືອວາຊຸະການ ເພິ່ນຊ້ວບໄດ້ຂຫວນ ຕ່ວງຫາງຫັນ ການບຳ
ຫັນພໍ່ແລ້ວ ຄຳຂອງຫວນຂນິຄຳນວນຂຸບທໍ ๒ ກຳຊອງ່ວບ່ວຂຫວນບຫຸກຂໍຄະ
ຄໍເຊື່ອງຫັນ ແລະພຸງກາ່ກຼງກບຄະຄໍ ແລະຊຸ້ໄດ້ເຊ່າໄບໍ່ເວ່ຄວນຊູ່ນວນ
ຂຸນ ກນບັນ ກ່າະໄດ້ເຊ່ວນຂຈວນຸນ່ວນຂຸບທໍ ๒ ອກ໌ເພື່ອເຫັນ່ວນບັນຍ
ພວກຊາໄບ່ ແພວະ ນະບໍ່ຊ່ວ່າຄ່ວຂຫວນບໍ່ຢັນິຄະຄໍຂໍ້ບຫຸກຂໍໄດ້ເພີໂດຍ
ບໍ່ໄຫ້ມໍ່ຫໍ່ນໍ່ບຸຣ -

ມວຕຼ2 ๗๕ - ການບຸທຫວນໄນແຍບກຂຂອງຂຂຸນໍ່ຜັນໄຫ້ວຼການ ຈິ່ກໄຫ້ຫ່ວ
ຫ2ນຄ່ວຜັນພວກຊຼ2ຈິບເຄືຫວ້ບຊ້ງນ2ນຂຸບທໍ ๒ ໄດ້ພັນພວກຊຼ2ຕຼ້ໍ່ນໄບ່
ອໍກ -

ກ2ນບຼຼ່ໄວ້ຄຼ້ນໍກະໄຊໄດ້ນ2ຫຼ້ບຯ່ວບຸກຄິບຫ໌ຄຸກາ່ຼ່ນໍໄຫ້ພິນ
ໂຫຼຊຜ່ງຼຄນ ແລະຜູ້ຼກບຫ2ຊຸ່ຄ໌ກ ວ້ຼ່ນໍໄຫ້ເຊ່ງຫຳນໂຮ_ຫ2ຼ່ບ໌ກ ຕົວ
ໄດ້ກກ໌ຊ້ລ່ວຫນ2ໄວ້ແລ້ວ ກຳຊອງໄຫ້ກກ໌ຊ້ຕໍາໄບໍ່ນໄຫ້ນິນກ່ວຫນຼ່ຂ
ຫວນ -

ບົນ ๑ ຫໍ ๒

ກ່ວບນ_ໂຂຫວນ ແລະວໍກ໌ຫັນບບຼນຂຫວນ -

ມວຕຼ ๗๖ - ຄ່ວຂຫວນຊູ່ສນວ2ກຜູ້ຕໍ່ກ ໂຫຼ ບໍ່ຜູ່ຮບຜໍ່ນວ້ຂຸອບຂວ່ງແພ່ງບໍ່ຜູ່
ຮອງພຍ໌ຊ່ງວຊງໄຫ້ຫ່ວໄນກ່ວບນ_ໂ ๑๕ ວນ ຕໍ່ບ໌ນະພັນກໍຈະຂຫວນບ່ຂນ-
ຊໍ ๑ - ກ່ວບນ_ໂກຫ່ວ2ນວບໍ່ະນບຄຼ໌ແກ່ວບຫໍໄດ້ນຼ່ຄ່ວຜັນພວກຊຼ2ນໍ່ຼ່ກຼບ
ຜູ່ຕໍ່ກ ໂຫຼ ຫໍ່ຊ຺ຂຼ່ວຫນ2 -

2° — pour le condamné absent au moment du jugement contradictoirement rendu à partir de la notification qui lui aura été faite et pour les jugements rendus par défaut, à la date de l'expiration des délais d'opposition.

ARTICLE 77.

Les Commissaires du Gouvernement ou le Résident Supérieur pourront relever appel pendant toute la durée du délai de quinze jours accordé par l'article précédent et en outre pendant quatre mois après l'expiration de ce délai.

ARTICLE 78.

L'appel est formé par une déclaration faite par la partie appelante elle même ou par ses descendants, ascendants, conjoints, frères ou sœurs, ou par une personne quelconque investie d'un mandat spécial à cet effet. Cette déclaration est reçue par le greffier et inscrite sur le registre à ce destiné, revêtue de la signature ou de lai-mu de l'appelant et contresignée par le greffier.

ARTICLE 79.

L'appel interjeté par le Résident Supérieur sera inscrit sur l'avis qui en sera donné au Commissaire du Gouvernement de la Province par les soins de celui-ci au greffe de la juridiction qui aura prononcé le jugement.

ARTICLE 80.

Tout acte d'appel sera immédiatement notifié à toutes les parties intéressées à quelque titre que ce soit.

ข ๒ - ผູ້ທີ່ຖືກໂຫຼດຊ້ຳບໍ່ຂໍ້ເສຍລາຄ່າຍົບຍາກຖຼາໄນະຄຼວນໄດ້ຕໍ່ຊິວກກັນ ນັ້ນ ກ່ວຍນຼທີ່ວ່າມວບິນບໍ່ຈະນັບຕໍ່ຍແຕ່ວັນທີ່ໄດ້ແຈ້ງຄ່າຍົບຍາກຖຼາ ໄຫ້ຂວບ ສວງຄ່າຍົບຍາກຖຼາຊ້ຳໄດ້ລ່າໄນະຄວນໂດຼຼກຄວາມບໍ່ເຂົາ ມວ່ວນນັ້ນ ກ່ວຍນຼທີ່ວ່າມວບິນບໍ ກໍ່ຈະນັບແຕ່ວັນໄດທ໌ນກ່ວຍນຼ ຂະຄ່າຊີ່ໄດ້ນບໍໄຊ -

ມາຕຼາ ๓๓ - ທ່ວມຂະທໍບດຜູ້ຮິກຄອງແຂວງ ບໍ້າທ່ວ່ນຜູ້ສ່ວເຊຼຼວຂຸກວານມີອ້ານວຼ ຂຫອງໄນະວ່ວນຼ ນັບຫ້າວ ວັນທີ່ວ່ໄຊໄນມວຕຼາບິນບໍ ແລະໄນກ່ວຍນຼ ນີ້ ເດືອນຄ່ານບໍໄຊຊ໌ກ -

ມາຕຼາ ๓๘ - ຄ່ວຂຫອນນັ້ນ ຕ່ອຼໄຫ້ຜູ້ຈະຂຫອນທ່ວເຊ໌ບໍ້າໄຫ້ລຸກຫຼາວນຍໍແຕ່ ຕ່ຼຍວຍງບໍ້າເຊຼຼວຽຈ່ຼອຼ຤ໍ້ບອຽທ໌ຽກ ວຈຂຸ໌ໄດ້ບໍ໌ຊ຤ທີ່ວ່ບໍ້າບກ່ວຂຫອຽ ນັ້ນຈໍ່ຈະທ່ວ໌ໄດ້_ ວ່ວຮວຍຈະເປິນຜູ້ຮບຄ່ອຼຫອຽນັ້ນແລະວຸຼເຂົາໄຊບໍ້ນ ບວຽຂໍ້ວ່ບໍ້າບຄ່ວຂຫອຽ ຄ່ວຂຫອຽນັ້ນໄຫ້ເຂຸບຂໍ້ບໍ້າຼ຤ຼອວຼນໍ້ຂອຼຜູ້ ຂຫອຽແລະໄຫ້ວ່ວ່ວນເຂຸບຂໍ້ລຼນໍ້ວຄວຼ -

ມາຕຼາ ๓๙ - ຄ່ວຂຫອຽຂອຼທ່ວບຜູ້ສ່ວເຊຼຼວຂຸກວານນັ້ນ ຈະໄດ້ວຼໄປໄຼບຫນວຼ ບອກລ່ຽໄຫ້ຂະທໍບດຜູ້ຮິກຄອງແຂວງ ຊ້ຳຈະໄດ້ວຼຄ່ານໄຊໄຫ້ທ່ວ່ສ່ວນແບ່ຼ ສວຽຊ້ຳໄດ້ລ່າຄ່າຍົບຍາກຖຼານັ້ນ -

ມາຕຼາ ๔๐ - ກວນຂຸກວອຽບໍ້ ຈະຕ່ອຼໄດ້ຊິ່ວ່ເດືອນໄຫ້ລຸກ ຄວວນຜູ້ທີ່ກຼວຂຸອຼໄນ ຄະຄຼເຮືອຼຽນບໍ້ຽຸວບຫຼກ ໆ ຄັນ ຈະເປິນຜູ້ຊິ່ວ່ໄດກ່ຽ -

SECTION III

Procédure et incidents sur appel.

ARTICLE 81.

Aussitôt après la réception de la déclaration d'appel, le dossier de l'affaire avec la copie du jugement et de l'acte d'appel est transmis au greffe du tribunal du 2è degré qui inscrit l'affaire au rôle.

Les condamnés appelants incarcérés sont en même temps conduits au siège de la juridiction du 2è degré.

ARTICLE 82.

Les parties intéressées sont convoquées et l'affaire jugée par le tribunal d'appel ainsi qu'il a été dit pour les tribunaux du 1er degré. Cependant les juridictions d'appel jugent sur pièces d'après les documents de la procédure. Les témoins ne sont entendus que si le tribunal d'appel l'estime nécessaire.

ARTICLE 83.

Les juridictions d'appel, mais dans le cas seulement où la cause se trouvera transportée tout entière devant elles par l'appel du Résident Supérieur ou des Commissaires du Gouvernement, pourront au cours des débats ordonner l'inculpation d'une personne qui n'avait pas encore été impliquée dans les poursuites ou qui en avait été écartée après avoir été inculpée à l'origine.

Elles pourront même ordonner l'inculpation d'un témoin. Il sera procédé comme il a été dit pour les juridictions du premier degré.

ບົດ ທີ ໓

ວິທີພິຈາລະນາ ແລະເຫດຸເກີດຂຶ້ນໃນລະຫວ່າງຽອຸທອນ -

ມາຕຣາ ໘໑ - ໃນກັນໃດ ເມື່ອໄດ້ຮັບຄຳແຈງຄຽອຸທອນແລ້ວ ຕ້ອງມີຜູ້ສ່ວນງມຄະດີ
ຍ່ວມດັ່ງ ລ້າງຄວາມິພຽກຈຳນຳແລະຄຳຮ້ອງຽອຸທອນໄວ້ ເຫ້າຮ່ວຽຽບຽຸນີທີ
ໜອງ ຽໍ່ຈະໄດຽຄະດີເຮື່ອງມັນເຊົາໄນຽບ່ວບຽຸໄວ້ -

ຜູ້ຽໍຽຄຸກໂຫຽ ແລະໄດ້ກັກຂ້າໄວ້ ກໍຕ້ອງຽຸກຄຸມໄຫຍ່ວຽຽທີ່ສ່ວນຽຸນີໜອງ
ຖິະຽ້ວຂຶ້ນມັນດັ່ງ -

ມາຕຣາ ໘໒ - ລຸກຄວາມທ້າງບຽຫຽຽຽຸກກັ້ງຽຂ້າໃນຄະດີເຮື່ອງມັນ ຽະຕ້ອງໄດ້ເກາະເຊົ
ມາຽານແລະຽ່ວນຽຸທອນຈະໄດ້ພິພຽກຈຳຕຸລ້ນຽທີ່ອນໄດ້ວ່າໄວ້ແລ້ວຽ່
ຽຽ້ບຽ່ວນຽຸນີຕາ ແຕ່ວ່າຽ່ວນຽຸທອນຕຸລ້ນຕາມສ່ວນຽໍລິຽແລະລກຄຽານຂຽຽ້
ໃນຽຸມຸຽ ຽ່ວນງມມັນ ຽະຽ່ຽກພຽຽານມາເຫ້າການເບ່ມຽ້ກກ່ວ່ແຕ່ເມື່ອຽ່ວນຸ
ທອນເຫ້ານຽ່ວຽ່ເບຶຽ -

ມາຕຣາ ໘໓ - ເມື່ອຄະດີເຮື່ອງມຶ່ງໄດ້ຽກຽຶ່ນຽຸທອນຽໍ່ນຸກ ໗ ໑ ຕ່ຽ່ວນຽຸທອນ ແລະ
ໃນຄະນະເມ້ອຫ່ວນຽຸຽ່າເຈຽຽຸ2ຽຸຽການຽ້າຽເຫ້ບດ້ຜູ້ຽ່ຄດອຽເປັນຜູ້ຽຸທອນ
ແລ້ງໃນເຽຽຽ້ຽງຽະນາຕ່ຽມຄະດີຂຶ້ນມັນ ຽ່ວນຽຸທອນຽະຽ່ຽກບາຽໂຫຽໄວ້
ບຸຄດິນຜູ້ບຽ່ຽຽຽ້ບໄດ້ກຽ່ງໃນຄະດີມັຽກ່ໄດ້ ຫ້າບຸຄດິນຽໍ່ຽຄຸກຫຽແຕ່ຽ
ກ່ອນແລ້ງຕຸ້ກບຽ່ຽຕິງໄຽກ່ໄດ້ກຽ່ ຽ່ວນຽຸທອນຽະຽ່ຽກບາຽໂຫຽໄວ້ພຽຽານກ່
ຽ່ໄດ້ກຽ່ ການເຽຽ້ວບຽ່ຽະໄດ້ຫ່ຽ່ເບ້ຽຽໄດ້ອ່ຽມາຫຽ່ນຽ່ຽບຽ່ວນຽຸນີ
ຕາ -

SECTION·IV

Jugement en appel

ARTICLE 84.

Les règles édictées pour les juridictions de première instance en ce qui concerne la composition des tribunaux, les causes d'empêchements des magistrats et greffiers d'une part, les conditions de forme prescrites pour la rédaction du jugement, l'insertion du texte des articles appliqués, la mention du délai de pourvoi d'autre part, doivent être observées et appliquées à peine de nullité par les juridictions d'appel.

Il en est de même des dispositions relatives aux jugements par défaut et à l'exécution de ces jugements.

ARTICLE 85.

Les juridictions d'appel confirment ou réforment en tout ou en partie les jugements qui leur sont soumis. Si elles découvrent dans les jugements des causes de nullité provenant de violation de prescriptions légales de forme ou de fond, elles prononcent l'annulation du jugement sur ces chefs et statuent à nouveau.

Si la nullité provient de l'incompétence de la juridiction du premier degré, le tribunal provincial d'appel doit se dessaisir de la question de compétence au profit du tribunal supérieur appelé seul à connaître de cette question.

ໝວດ ທີ ໔

ການພົວພັນລະກຸ່ມແພນກອຸທອນ -

ມາຕາ ໘໔ - ລະບຽບບັນຍັດໄວ້ສຳລັບບັນຊນຊັ້ນຕ່ຳ ວ່າດ້ວຍຄວາມສຽນວຽກຂອງກຳມະການ ແລະຈ່າຍວຽນ ແລະເບາະກ່ຽວມອຽຈະຍາໄວ້ຍວກການຮ່ວມສ່ວນບັ້ງສ່ວນບໍ່ໄດ້ ແລະຮຸບກະບອນສຳລັບບໍ້ແຕ່ລະຄວາມສຽນວຽກການ ແລະ ການອຽ ເອີ້ຂຶ້ນກໍ່ ໝວຽຢຽໄດ້ລົງໄປຄ່ວຍສຽນວຽກຫຼາ ແລະຂຶ້ນອກກ່ວນບັນຍອຸທອນ ຕ້ອງໃຫ້ວິະ ຄຳບັນທ່ວຍຄວາມໃຫ້ຖຶກຕ້ອງເໝືອນກັນ ຄ່ວບັນຍະບັນສ່ວນອຸທອນກຳຈະຕ່ຳ ສິນລົບລ້ວງໄດ້ -

ຈະຕ້ອງໄດ້ວິະຄຳບັນທ່ວຍໃຫ້ຖຶກຕ້ອງຄວາມກະບອນ ຂຶ້ງໄດ້ວ່າໄວ້ສຳລັບ ສ່ວນຊຸ່ນການບັນຍຶກ ຄືລະບຽບສຳລັບຄ່ວຍສຽນວຽກການໃນະຄ່ວນລຸກຄວາມຂ້ວງ ໝຶ່ງບັນຍະສ່ວນ ແລະລະບຽບສຳລັບການຢຶໃຫ້ຫ່ວຄວາມຄ່ວຍສຽນວຽກການ -

ມາຕາ ໘໕ - ສ່ວນອຸທອນຈະໄດ້ວິຍຶນຖຶກຫ້ອງຄວາມຄ່ວຍສຽນວຽກຊຸ່ນຕ່ຳ ຫຼື ຕ່ຳຍຶນຍຶກເລືກແຕ່ຂຶ້ນໝ່ວຽໄດ ຫຼືແຕ່ກັນຕຽງອຸບຽງແຫ່ວຄ່ວຍສຽນວຽກການ ຂຶ້ຽຽໄດ້ອຸທອນກ່ຳການ ຄ່ວສ່ວນອຸທອນເຫັນວ່າໃນຄ່ວຍສຽນວຽກການລະບັບ ໄດ ມິຂຶ່ໃຄຂຶນຍຽຈະຫ່ວເຫັນລົບລ້ວງໄດ້ ຄ່ວຍຮ່ວບຖຶກຕ້ອງຄວາມຮຸບກະບອນ ຫຼືຍິຽຕ່ຢຶບຼຶກ່ຽໝວຽ ກໍຕ້ອງໃຫ້ສ່ວນອຸທອນຕ່ຳຍຶນລົບລ້ວງໄມ່ຍຶນ ແລ້ວສຽນວຽກການຕ່ຳຍຶນໄຫນຍຶກ -

ຄ່ວເຫາຕຸ ຍິງໃຫ້ລົບລ້ວງຍຶນບາງການເປັນຄ່ວງສ່ວນຊຸ່ນຕ່ຳ ບໍ່ມີຂ່ວນຍຸ ຈະຕ່ຳ ຍຶນ ສ່ວນອຸທອນຍິະຈ່ວແຂງງຽຕ່ຽຂ້ຍ ໝຶ່ນຕຽໃນການ ວ່ນຍຶ ແລ້ວລຽໃຫ້ ໃຫ້ສ່ວນອຸທອນ ຍິເສຽ ຂຶ່ງມີຂ່ວນຍຸຍຽ ສິນໄດ້ແຕ່ຜຽດ່ຽງ ໃນການສ່ງບໍ້ -

ARTICLE 86.

En ce qui concerne cependant le tribunal supérieur, ses jugements n'étant susceptibles d'aucun recours et ne pouvant être soumis à aucune censure, n'ont pas à contenir le texte des articles appliqués ni l'indication des délais de pourvoi.

ARTICLE 87.

Les jugements rendus contradictoirement en cause d'appel par le tribunal supérieur n'étant susceptibles d'aucun recours sont immédiatement exécutoires à l'égard des intéressés présents à l'audience.

Ils sont exécutoires après notification à l'égard de ceux qui n'ont pas été présents.

Les jugements rendus en cause d'appel et par défaut sont exécutoires seulement après les délais d'opposition.

ARTICLE 88.

Toutes les règles relatives à l'exécution des jugements rendus par les juridictions du 1er degré sont applicables à l'exécution des jugements en appel.

ARTICLE 89.

La mise en liberté provisoire peut être accordée pour la première fois par les juridictions d'appel dans les conditions prévues pour cette mesure au cours de l'instruction.

ມາດຕາ ໘໖ - ແຕ່ສ່ວນຄ່ວຍພະນະງານຂອງສວນອຸທອນສບສຽງຫັນພິເສດ ຊຶ່ງຈະຕຸ
ທອນ ແລະຈະຄ່ຽຄວນຕຳງຽວ່າໄປບໍໄດ້ບໍບຕ້ອງະຈຶຊຸບຕິກ໌ຫຍຽ ຊຶ່ງ
ໄດ້ລຽໄວ່ໄປຄ່ວຍພະງານຽແລະບຕ້ອງະຊຸບອກກຳ່ບຫນຕ໌ໃຫ້ອຸທອນອຶກດັ່ງ

ມາດຕາ ໘໗ - ຄ່ວຍພະງານຽຂອງສວນອຸທອນສບສຽງຫັນພິເສດ ຊຶ່ງໄດ້ລຽໄປນະ
ຄ່ວນຊິໆລຸກຄວາມໄດ້ມາຕ່າຽວິຽກກັນ ແລະເປັນແນນກອຸທອນນະຊຸທອນຕ່າ
ໄຊອຶກບໍໄດ້ເປັນບັນຂຽ ຍາຍະຍັບກຳ່ຕ້ອຽະໄດ້ກໍໃຫ້ພະງານລຸກຄວາມກິ
ຊຶໄນສວນບັນຫຳ່ຕາວມຄ່ວຍພະງານຽໄປຫັນໄດ -

ສ່ວນຄ່ວຍພະງານລຸກຄວາມ ກໍບໍຊິໄນສ່ວນກ່ະຈະໄດ້ບໍຄັບໃຫ້ເຈ່ຽທ່າຕາວມ
ຄ່ວຍພະງານຽບັນ ເຫ່ຽໄດໄດ້ແລຄ່ງຄ່ວຍພະງານຽບັນໃຫ້ເຈ່ຽຫ່ຽບແລ່ງ -

ກ່ວນຈະຊຸໃຫ້ເຈ່ຽທ່າຕາວມຄ່ວຍພະງານຽໄປແນນກອຸທອນ ແລະໄປ
ນະຄ່ວນຊິໆລຸກຄວາມຊວ່າຽບນໍ່ບໍມາຕ່າຽວິຽກກຮັບເຂຽຮບ ກ່ະຈະໄດ້ຊຸໃຫ້ເຈ່ຽທ່າ
ຕາວມຄ່ວຍພະງານຽບັນໄດແຕ່າເມ່ືອສິນກ່າຽມິຽໃຫ້ເຈ່ຽທ່າຕ່ງ -

ມາດຕາ ໘໘ - ຽະບຽບຕ່າຽໆ ສ່ວຽຈ່ບກາຽຊຸໃຫ້ເຈ່ຽທ່າຕາວມ ຄ່ວຍພະງານຽຂອງສວນ
ຊຸບຕາຽ ກ່ເປັຽຫ້າໃຊ້ໄດ້ສ່ວຽຈ່ບເພ່ືອໄຫ້ກ່ຽທ່າຕາວມຄ່ວຍພະງານຽຂອງສວນ
ອຸທອນ -

ມາດຕາ ໘໙ - ໄນເຫ່ຽໄຕ່ສວນຊຸ່່ບັນ ສວນອຸທອນນະຈະຮຸບຽຊຸຽໃປຽຕິຈິວິດຂອງເຫ່ືອທ່າ
ຊຸໃຫ້ແກ່ບຸກຄຳນິຊຸຊິຄຸ່ກໂຫຍ່ກຳ່ໄດ ແຕ່ໄຫ້ຊິະຕຳບໍໃຫ້ໄຫ້ຂຸ່ກຕຽວ່ຕາວມບຽ
ບຸ່ຽອ່ຽຄັ່ງກາຽສ່ອນບຽ -

CHAPITRE II

Pourvoi en annulation

SECTION I

Conditions d'exercice, effets, formes et délais.

ARTICLE 90.

Le pourvoi en annulation ainsi qu'il est dit à l'article 26 du Code de l'organisation judiciaire ne peut avoir lieu que pour cause d'incompétence, d'excès de pouvoir ou de violation des lois laotiennes.

ARTICLE 91.

Le pourvoi est toujours suspensif de l'exécution des jugements.

ARTICLE 92.

Le délai de pourvoi en annulation formé par les condamnés, par les personnes civilement responsables et par les plaignants est de quinze jours.

Ce délai court du jour où le jugement ne peut plus être attaqué par aucune autre voie de recours.

ARTICLE 93.

Le délai pour l'exercice du pourvoi en annulation par le Résident Supérieur et par les Commissaires du Gouvernement, ses délégués, est de quatre mois à partir de l'expiration du délai de quinze jours accordé aux intéressés en vertu de l'article précédent.

ບົດທີ ໒

ວ່າດ້ວຍການຂຸດຄ້ອນບໍ່ແຮ່

ໝວດ ໑ ຕອນທີ ໑

ວ່າຄື້ອຫອນບໍ່ແຮ່ໆ ເຫາຕຸຜິນຮູບກະບວນແລະກ່ວບາຣ້ອຫອນບໍ່ແຮ່ໆ

ມາດຕາ ໕໐ - ການຂະຂຸດຫອນບໍ່ແຮ່ໆໄດ້ດັ່ງວ່າແຈ້ງໄນມາດຕາ ໒໖ ແບ່ງກະຣິຫນາງ ຕ້າແຕ່ງການບຸຄົມັບບ ກໍຕ້ອງໆໄຫ້ລວບບໍ່ມື້ອ່ານຂໆ ຈະຍໍ້ນຍາກຽ່າ - ນວນໄດ້ລລາງອໍ້ນວໆ - ຫຼື່ນວນໄດຕັ່ໆນບໍ່ຍໍ່ຕ່າກຽບນາງລາວ

ມາດຕາ ໕໑ - ການຂຸດຫອນບໍ່ແຮ້ໆບັນ ຍາໄຫ້ໆກຣ.ການນຂຣ້ໆໄຫ້ທ້ານໆມຄໍ່ນໍ ຍາກຽ່ຂເຮໍ້ -

ມາດຕາ ໕໒ - ກ່າວບິຣ.ຂຈະຂນຸຍາໆໄຫ້ແກ່ນຜູ້ຄຸ້ກິນລຼໂຫຽ ແລະຜູ່ລນບັນໍ່ຼຂຸອບຂໆ ແບ່ງໆແລະຜູ່ຽວຂ້າງໄຍ້ຽຂຫອນບໍ່ແຮ້ໆບັນມີ້ລບໍ່ບ້າວນັບ -

ກ່າວບິຣ.ບໍ່ຂຮັບບັບຕ້າໆແຈານັບ ຫ້ຂໍ້ຼຂຂຸຫອນບໍ່ຕໍ່ຽຂຄໍ່ນໍ່ຍຂໆກຼຽາບ້ມ້ເຫ໌ໆ ບໍ້ບໍ່ໄດ້ອກຄື -

ມາດຕາ ໕໓ - ກ່າວບິຣ.ຂຈະໄຫາແກ່ກ່າຫ່ວນຜູ້ຣໍນໍ່ລວຽຈຣ໌ຂຸກການ ແລະຫ່າ໌ບຂະຫໍ່ບໍ່ຄໍ້ຜູ້ ບໍຣຄອ໌ໆແຂ໌ໆ ແລະຜູ່ຕ໌ໆ ບັນ ຂຂໆໆຫ່ານ ເຍ໌ອຂະຂຸຫຂຍ ລບໍ່ນໆໆບັນມີ້ນໍ ເຄໍ້ອນບໍ່ຕ້າໆແຕ່ານໍ່ິນກ່າ ຂ ບໍຣ.ຂນບໍ່ຫ້າວນັບ ຂໍ້ໆໄດ້ຂບຸຂໆໆ ໄຫ້ແກ່ນຜູ້ທ້ຽກຣ.ງ ຂຂໆໄບຄະຄໍ່ເອົາານັບຄໍ່ນໍ່ວໂອໄນມາດຕາບັບບໍ່ -

ARTICLE 94.

La déclaration de pourvoi sera faite par les parties au greffe du tribunal qui aura prononcé le jugement attaqué. Cette déclaration inscrite par le greffier sur le registre à ce destiné sera signée du déclarant ou revêtue de son lai-mù et du greffier.

Un extrait en est immédiatement dressé par le greffier et annexé au dossier de l'affaire.

ARTICLE 95.

Le pourvoi en annulation formé par le Résident supérieur ou par le Commissaire du Gouvernement est effectué par une notification faite au greffe de la juridiction qui a rendu le jugement attaqué. Il est inscrit par le greffier sur le registre à ce destiné et porté immédiatement en la forme ordinaire à la connaissance des intéressés.

SECTION II

Procédure de pourvoi

ARTICLE 96.

Les dossiers de pourvoi en annulation doivent comprendre

1° — un extrait de la déclaration ou de la notification du pourvoi.

2° — une copie des jugements en 1er et dernier ressort.

3° — une copie des interrogatoires et des dépositions des témoins consignées au plumitif d'audience.

4° — les procès verbaux contenant les déclarations des inculpés et des témoins.

5° — les procès verbaux de constat avec les états des pièces à conviction et les rapports d'experts s'il y a lieu.

ມາດຕາ ໔໔ - ຄຳແນະນຳວ່າດ້ວຍຂອງກອງບັນຊີ ກ່ຽວໂຕ້ ຖ້າຄວາມໄຂ ນຄ່ງນະເຫື່ອງ ການ
ຂອງຄ່ວນ ຂວບຂຸ້ ໂດຍວ່າຄຳ ຂຳ ຍົນຍາກຕ່າງ ໆ ຫ້ອງກອງກອບບັນ ຄ່ວນ ຄວ ນະໂດ້ ຄຳ
ນ ຂ້າງ ຂອງກອບບັ ຣ່ວໃນ ບຶ່ນ ບ່ວນ ຂ້າ ວ່ຽ ຫ່ວາກ ຄ່າຂ້າ ຂ້າ ງ ກອງ ຣ ບິ ຕຂ້າ ໂຫ້ ເຊ ຍ ຂ້ອງ
ຜ້ຍ ກອນ ຂ້າ ລ ໃສວ ມ ຂະ ຍ ຂຂ ເ ໃ ຍ ຍ ້ອມ ວ ລ ເຊ ບ ຂ ຂ ຂອງ ຄ່ວນ ຂ ນ ກ ້ -

ຂ້າ ວ ນ ະ ກ ຄ ່ ບ ່ ງ ເ ຮ ຂ ເ ບ ້ ອ ຄ ວ າ ມ ໄ ຂ ຫ ່ ບ ໂ ດ ະ ລ ້ ງ ຄ ຸ້ ຕ ຸ ໃ ສ່ ວ ນ ວ ນ ຄ ະ ໂ ຕ
ເຮ ຂ້ າ ງ ນ ບ ໄ ວ ້ -

ມາດຕາ ໔໕ - ເອ ຂ ວ ຫ າ ວ ນ ່ ຜ ້ ໂ ນ ວ ່ ເ ສ ຍ ຣ ວ ຂ ຸ ະ ກ ວ ນ ຫ ້ າ ຫ ່ ວ ນ ະ ຫ ຳ ບ ໃ ຕ ້ ຊ ຸ ່ ຕ ໃ ກ ຄ ອ ງ ແ ຊ ຣ ງ ະ ຂ
ກ ອ ນ ລ ບ ນ ວ ່ າ ກ ່ ະ ໂ ຄ ບ ນ ວ ງ ບ ອ ກ ໂ ຕ ້ າ ຂ ວ ນ ວ ນ ຂ ຳ ໂ ດ ນ ວ ຄ ່ ວ ຍ ຍ ວ ກ ຍ ຸ ະ ຫ ້ ຕ ຸ ກ ້
ຂ ຫ ອ ນ ບ ້ ຣ ຂ ້ ວ ນ ວ ນ ະ ໂ ຕ ້ ຊ ຸ ເ ຂ ້ າ ໃ ນ ບ ຶ ່ ມ ບ ວ ະ ຣ ຸ ້ ຄ ່ ້ ຫ າ ວ ກ ແ ລ ້ ນ ບ ອ ກ ເ ຕ ້ ອ ນ ໃ ນ
ຫ ້ ນ ໂ ຄ ໂ ຫ ້ ຜ ້ ຂ ້ າ ກ ່ ຽ ງ ຂ ້ າ ໃ ນ ຄ ະ ຄ ້ ບ ັ ບ ຂ ຸ ວ ບ ຫ ຸ ກ ຄ ິ ຍ ຕ ວ າ ມ ກ ້ ມ ະ ຄ ວ -

ບົດ ທີ ໒

ວ ່ າ ຫ ້ ຍ ວ ຽ ະ ບ າ ຄ ່ ວ ຂ ຫ ອ ງ ກ ອ ນ ລ ບ ນ ວ ່ າ

ມາດຕາ ໔໖ - ສ ່ ວ ນ ງ ບ ຄ ະ ໂ ຕ ້ ຂ ກ ອ ນ ລ ບ ນ ວ ່ າ ຍ ຄ ້ າ ມ ້ -

໑. - ບ ່ ງ ຄ ່ ວ ຂ ້ າ ງ ຂ ກ ອ ນ ລ ບ ນ ວ ່ າ ຫ ້ າ ບ ່ ງ ຫ ນ ວ ງ ບ ອ ກ ກ ຸ ກ ອ ນ ລ ບ ນ ວ ່ າ -

໒. - ນ ່ ວ າ ຄ ່ ວ ຍ ຍ ວ ກ ຊ າ ຕ ຸ ໃ ສ ບ ຶ ຂ ຸ ບ ຕ າ ມ ິ ແ ນ ະ ຂ ຸ ບ ຫ ້ ຸ ຍ -

໓. - ນ ່ ວ າ ຄ ່ ວ ໂ ຂ ຸ ແ ນ ະ ໂ ຫ ້ ກ ວ ນ ຂ ອ ງ ຍ ຽ ວ ບ ຂ ຳ ໂ ຕ ້ ຊ ຸ ໃ ໃ ນ ບ ຶ ່ ນ ລ ງ ວ ນ

໔. - ວ ິ ຫ ນ ວ ຽ ບ ັ ບ ຫ າ ກ ຂ ຳ ມ ້ ຄ ່ າ ໂ ຫ ້ ກ ວ ນ ຂ ອ ງ ຜ ້ ຖ ກ ກ ່ ິ ຫ າ ວ ະ ແ ນ ະ ຍ ຽ ວ ບ າ ກ ້ ຍ ຍ ຊ ງ

໕. - ວ ິ ຫ ນ ວ ຽ ບ ັ ບ ຫ າ ກ ກ ວ ບ ຊ ຸ ບ ບ ະ ນ ຸ ຸ ບ ຍ ່ ວ ອ ັ ນ ກ ລ ຽ ບ ວ ບ ຂ ້ ນ ຳ ຂ ອ ງ ຂ ຳ ່ ເ ບ ນ ເ ຫ ້ ກ
ຖ ວ ນ ແ ນ ະ ຄ າ ຽ າ ວ ບ ຂ ອ ງ ຜ ້ ຂ ຸ ບ ເ ະ ຣ ຸ ຄ ັ ບ ງ ຄ ້ ວ ຫ າ ວ ກ ມ ້ -

6° — tous mandats de justice, avis de convocation ou autres pièces de forme.

7° — enfin toutes lettres ou autres pièces et papiers émanant des prévenus et des parties pouvant servir à éclairer la justice et ayant été versées aux débats.

ARTICLE 97

Il sera loisible au Président de la juridiction qui aura rendu le jugement dont est pourvoi de joindre au dossier un rapport sur l'affaire et les motifs qui ont inspiré sa décision. De même les parties auront la faculté de fournir des mémoires si elles l'estiment utile. Ces mémoires seront également joints au dossier.

Les pièces à conviction ne sont pas transmises.

ARTICLE 98.

Le dossier ainsi constitué est transmis au greffe du tribunal supérieur par les soins du greffier.

ARTICLE 99.

Le tribunal supérieur en cause d'annulation juge sur pièces.

Néanmoins s'il estime devoir provoquer des explications verbales de quelques uns ou de tous intéressés au pourvoi, il ordonne leur convocation. Cette convocation est faite par les soins du greffier. Il devra être tenu compte de la distance à laquelle se trouve le domicile des parties du lieu où siège le tribunal supérieur.

§ ២ - ບັນຈຸບັດຄັບບຸກຄຸລບັບຂອງສວນບຸກຄຸລການ ແລະອື່ນໆ ຊຶ່ງບັນເຍັງ
ໄວ້ໃນວັກທີ່ຍັງຈຸ່ງະນວດຄວາມ -

§ ៣ - ບັນດາສິ່ງຫຼາຍໆ ຊຶ່ງເປັນຂອງຜູ້ຖຶກຫາວແລະຖຸກຄວາມ
ອຸ່ຣະໄປ່ວານຢູ່ຄວາມອຶ່ງໄດ້ແລະໄດ້ເອົາອອກຫລົດໆໄປເຍ່ຽວ
ຍັງຈຸ່ະນ2ໄຕ່ວານ -

ມາຕຼາ ໕៧ - ຄວາມໂຮຂອງຫາງບັນວ2ວານ ຊຶ່ງຖຸກຂອງຫວນບັນ ຣະຫວ່າງ2ຼາ1ການອ່າວດ້ວຍ
ຄະຕຶເຮື້ອງບັນ ແລະບອກເຫາຕຸກວບຸ່ງຍວາເຮົາທ່ວນລຸ່ກຄ່ວຕຶ່ງຣໍ່ນຕ2ວນ
ດໍ່ຣໄປຫວ່ວານວນຄະຕຶບັຍກັ່ໄດ້ -

ໄນຣະຖຸນດ2ງກັນຍວກກຸ2ກຄວວນ ຖຸ2ຕອ້ງກວນຣະຫ່ວນຄ່ວຊຶ່ແອ2ດໍ່ຣ
ໄຕ່ຕວນວ່ວນວນຄະຕຶບັນກ່ໄດ້ເຫັ2ອນບກັນ ຄ່ວຊຶ່ແອ2ບັນຣະຕວ2ງໄດ້ຄຼໍ່ນຣໍ
ໄຕ່ກັບ2ວນວນ -

ນິ2ຂອງຊຸ2ອ້ວ2ເປັນຫຼ2ກຕຼວນບັນ ບໍ່ຕວ2ງຣໍ2ໄຕ່ດ້ວ -

ມາຕຼາ ໕៨ - ສ2ນວນຄະຕຶຊຸ2ໄດ້ຊຸ່ແຕ່ຼ ແລ້ວຄຼໍ່ບີ ຈ2ສ2ນຕຕ່ວ2ຣໍໄຍຕ່ຫ້ວ່ກວານ
ຈ2ສ2ນຊຸຫວນຍັ2ເຊຼຼ2ບໍ່ລ2ຼ -

ມາຕຼາ ໕៩ - ສ2ນຊຸຫວນຍ2ເຊຼເມໍ່ວຕ້ຼ2ນໄນຣະຖຸວວນລບລ2ວ2ບັນ ຣະໄຕ່ຍ2ຈ2ຸະ
ນ2ຕ2ວນບໍ2ວ2ໄນ2ວ2ນວນຄະຕຶບັນ -

ແຕ່ວ່2ຖຸ2ສ2ນຊຸຫວນຍ2ເຊຼ ເຮ້ວນຄງວນຣະໄຮ້ບຸກຄ2ະຫ້ກຼ2ວ2ຂວ2ໄຍ
ຄະຕຶຂ2ຫວນບັນ ຫຼວ2ຄຼວບຫ້ວຫ2ບຸ2ຊຸ2ແອ2ໂຄ2ຣ2ກກ່ໄດ້ ແລ້ງກ່ຣະໄດ້
ເກ2ຣະຕຶ2ບຸກຕຶວເຫຼ2ວວ2ບັນເຫ2ວວນວ2ວນ ຈ2ວ2ວນຣະເຊ2ນ2ຫຸ2ຣເກ2ຣະຕຶ2ບຸກຕຶວ2
ເຫ2ວ2ວ2ບັນ ຕວ2ໄຍ2ຄ2ຼໃຫ້ວ2ນຣະຍ2ຫວ2ວ2ຕ2ຣ2ແຕ່ຫ2ຊຸ2ຂ2ວ2ລຸ2ກຄວວນ ມາຖ2ຣໍ2
ຫ2ບໍ2ເ2ວ2ວ2ນຍ2ເຊຼ2 -

Article 100.

Les audiences du tribunal supérieur sont publiques. Elles ont lieu avec l'assistance du greffier et de l'interprète désigné à cet effet.

SECTION III

Jugement sur pourvoi

Article 101.

Le pourvoi en annulation ne peut donner lieu en matière pénale qu'au rejet pur et simple ou à l'admission avec l'annulation partielle ou totale de la décision attaquée.

Article 102.

Au cas d'annulation totale, le tribunal supérieur renvoie l'affaire toute entière soit devant la juridiction de laquelle émane le jugement mis à néant, s'il est possible de la constituer avec d'autres magistrats, soit, dans le cas contraire, devant une autre juridiction du même ordre.

Au cas d'annulation partielle, le renvoi a lieu de la même manière mais seulement sur les chefs qui ont motivé l'annulation.

L'annulation pour cause d'incompétence est toujours totale et l'affaire est renvoyée devant la juridiction compétente.

ມາຕຣາ ໑໐໐ - ການບໍລິະຊຸນສ່ວນຍົ່ເສຍບັບເບີກການເບິ່ງແຍງຕາມບັນຂບິະຊວຸບິ ໑ຕໆ
ໃຫ້ບໍລິະຊຸມຍ້ອມດ້ວຽຈ່ວສ່ວນແລະຂ່ວນຊ່ອນະໄດ້ແຕ່ງ ຕັ້ງວ່າຫຼ້າບການຊ່ອນນັ້ນ-

ບ ໑ ຫ້ ໓

ການເບິ່ງແຍງກາຽເຍບກອຽຫອນລບໍລ່ວ-

ມາຕຣາ ໑໐໑ : ການເບິ່ງແຍງການລບໍລ່ວແຍບກາຽຽຽ2 ມໍ່ແຕ່ຕັ້ງ ໃນລບໍລ່ວໃຫ້
ເຮັກແລ້ງກັບເບີ່ຽ໑ໆ ບ້າ ຕັ້ງ ໃນຕ້ອກຕັ້ງຖາວມຕ່ວຍໍ່ເຍວກຣ2 ຊ່າຕັ້ກ
ຂຫອນນັ້ນ ກັບລບໍລ່ວຕຸ້ມແຕ່ງສ່ວນບໍໆ ບ້າຫ້ວຍບິຽແບ່ວຄ່າຍໍ່ເຍວກຣ2
ຂ່ວຕັ້ກຂຫອນນັ້ນ -

ມາຕຣາ ໑໐໒ - ໃນຄະວະເມື່ອໄດ້ຕັ້ງ ໃນລບໍລ່ວຕຸ້ມຫ້ວຍບຽ ຕັ້ວະຕັ້ງສ່ວນຍ້ນ
ໃບ່ກັບຂ່ວຍກຽາກາຽຽຍ້ນໄດ້ ສ່ວນເບິ່ງແຍງກ່ວະໄດ້ສ່ວຄະດ້ຫ້ວຍບຽ
ເຮື່ອຍຍ້ນໃຫ້ບໍ່ສ່ວນຂ່ວຕັ້ກລບໍລ່ວຕ່ວຍໍ່ເຍວກຣ2ຍ້ນ ບ້າຕັ້ວ່ວະຕັ້ງສ່ວນ
ຍ້ນໃບ່ກັບຕຽາການຂ້ນບໍ່ໄດ້ແລ້ວກ່ວະໄດ້ສ່ວ ໃຫ້ສ່ວນຂ້ນຊຸ່ດຽງການ້ນບັບ-

ຕັ້ວໄດ້ຕັ້ງ ໃນລບໍລ່ວຽໍ່ແຕ່ງສ່ວນບໍໆແບ່ວຄ່າຍໍ່ເຍວກຣ2ຍ້ນ ກ່ວະໄດ້
ສ່ວຄະດ້ເຮື່ອຍຍ້ນໃຫ້ເຫມືອນດ້ວຽ່ວນ2ແລ້ງບໍ້ ແຕ່ຈະໃຫ້ຍໍເຣ2ຽນຂຕັ້ງ ໃນ
ໃບ່ແຕ່ສ່ຈະເຍວະຂໍ່ສ່ວຄັນຊຸ່ຕັ້ກລບໍລ່ວຍ້ນ-

ການຕັ້ງ ໃນບໍລ່ວ ຊຸ່າຕກໃນະຈຸວນສ່ວນບໍ່ມໍ່ຂ່ວນ2ຸຈະຕັ້ງ ໃນ
ໄດ້ນັບ ຈະແນບລບໍລ່ວຫ້ວຍບຽເຮິ່ງ ແລະຄະດ້ເຮື່ອຍຍ້ນກ່ວະໄດ້ສ່ວໃຫ້
ຕໍ່ຫ້ນ2ສ່ວນຊຸ່າມໍ່ຂ່ວນ2ເຍວກຣ2ໄດ້-

ARTICLE 103

Il n'y a pas lieu à renvoi après annulation lorsque le fait qui aura donné lieu à l'application de la loi pénale est reconnu ne constituer aucune infraction.

ARTICLE 104.

Il y a annulation partielle sans renvoi lorsque le jugement attaqué contient des condamnations multiples, les unes régulières, les autres illégales.

Ces dernières sont alors retranchées du dispositif du jugement qui est maintenu pour le surplus.

ARTICLE 105.

La juridiction de renvoi devra obligatoirement se conformer au jugement du tribunal supérieur sur les points de droit tranchés par lui.

ARTICLE 106

Les décisions du tribunal supérieur ne sont susceptibles d'aucun recours. Elles sont immédiatement exécutoires à l'égard des intéressés présents à l'audience et après notification à l'égard des autres.

ມາຕຣາ ໑໐໓ – ຖ້າບໍ່ຕ້ອງໄດ້ລົງໄປເປ່ນຄວາມແຫ່ງອັກບັນ ເນື່ອງເຊ່ງໄດ້ຕັ້ງລົງບໍລິຄ້ວ
ແລ້ວ ຜູ້ວ່າຄວາມເຫ່ານັ້ນກ່ຄວາມໄດ້ລົງຈົບຕໍ່ກິຣິຍາຄວາມຢ່າງຢ່າງບໍ່ພ້ອມຕໍ່ກິຣິຍານ
ຂໍໄດ –

ມາຕຣາ ໑໐໔ – ຄວາມຕັ້ງລົງບລິບັ້ວ ຕາມລ່ອງບ້ນໆ ແຕ່ຄ່າວບໍ່ຕ້ອງຈະລົງໄປເຊິ່ງຄວາມໃຫ່
ບັ້ນ ຖ້າຫວ່າງຄ່ຳຍົມວາກຣ່ຽຖຶກມຸຫອງບັ້ນໄດຕັ້ງບໍ່ລົງໄປໂຫຼ່ຫຍາງແຍນາ
ໂຫຼ່ຖຶກຕ້ອງຕາມກິຣິຍຄວາງກໍ່ນີ້ ແລະ ໂຫຼ່ບໍ່ຖຶກຕ້ອງຕາມ ກິຣິຍຄວາງ
ກໍ່ນີ້ –

ໂຫຼ່ຂຶ້ນໄດ້ລົງ ວ່ຖຶກຕ້ອງຕາມກິຣິຍຄວາງບັ້ນ ກໍ່ຈະໄດ້ລົງບໍລ່ວ່ງອອກ
ດວກຄ່ຳຍົມວາກຣ່ຽ ແລະ ໂຫຼ່ຫື້ໄດ້ລົງຖຶກຕ້ອງຕາມກິຣິຍຄວາງບັ້ນ ກໍ່ຈະ
ໄດ້ຂ້ຍຂຶ້ບໄວ້ກໍ່ເຊີ –

ມາຕຣາ ໑໐໕ – ຄວາມຊ້ນທ່ີ ໒ ຂ້ຳໄດ້ລົບຄະຕັ້ງລົງວ່າວາກຄວາມຍ່ເນໆ ຕ້ອງຄ່ວ່ເປັ້ນ
ວ່າຫ່າຕ່ຳວາມຄ່ຳຍົມວາກຣ່ຽວອງຄວາມຍ່ເນໆ ໄນ່ວບໍ່ກິຣິຍຄວາງຂຸ່າລວາຍ
ຍ່ເນໆໂດລົງຕັ້ງນັ້ວ –

ມາຕຣາ ໑໐໖ – ຄ່ຳຍົມວາກຣ່ຽວອງຄວາມຂຸຫອງນຍ່ເນໆຈະຂຸຫອງກໍເຊີອ້ກບໍ່ໄດ້ –
ຕ້ອງໄດ້ຕັ້ງໃຫ້ເຫ່າທ່ຳວາມຄ່ຳຍົມວາກຣ່ຽນນໄນການໄດ ຈຂ່ຳຣບບຸຄຄົນເຫໍກຍາງ
ຂອງ ໄນຕະຄຂຸຖໃຂ້ໄນເຊຍວບຂຍຂມວານ ແລະວຂຫ້ບຽກຄວາມຂ້ນເນື່ອໄດ
ແລງຄ່ຳຍົມວາກຣ່ຽນນໃຫ້ຽຸງແລ້ວ –

CHAPITRE IV

Procédure spéciale

SECTION I

Dessaisissement et règlement de Juges

ARTICLE 107.

Toutes les fois qu'une juridiction estimera avoir été saisie à tort de la connaissance d'une affaire soit parce qu'elle s'estimera incompétente soit parce qu'il lui paraîtra préférable pour une meilleure administration de la justice de renvoyer l'affaire devant une autre juridiction de même ordre et de même degré également compétente conformément à l'article 3 du code de l'Organisation judiciaire, elle prendra à cet effet une décision de dessaisissement. Copie de cette décision sera immédiatement transmise au tribunal supérieur avec toutes pièces à l'appui.

Si le dessaisissement émane d'un tribunal indigène, le Commissaire du Gouvernement de la province devra donner son avis sur la mesure proposée. Cet avis sera joint au dossier de l'affaire.

ARTICLE 108.

L'affaire est instruite et jugée sans délai et hors tour de rôle par le tribunal supérieur.

ບົດທີ ໔

ວິທີພິຈາລະນາຄວາມສະດວນບໍເສັຽ

ໝວດທີ ໑

ວ່າດ້ວຍນວຍເວັນຕິງ ແລະການຕັ້ງນົນມອບອ້ານວຸ
ໃຫ້ນານຸວນພິພາກສາ :-

ມາຕຣາ ໑໐໗ - ສຽວໂດເມື່ອນວນໂທນວນບນ້ຳ ເຫ້າມວ່ວເຣວເດຍົບພ້ອງໃຫ້ຕານິພົ
ພວກຣາຕ່ຽນບໍ່ຖ້ກຕ້ອງຕາມກົດໝາຍນວມ ດ້ຽນວາທິບໍ່ມົ່ຂນວຽຈະຕັ່ງ
ນົນໄດ້ ບ້າດ້ຽເຫ້ານວ່າຈະນົ້ຜົນນວກໄຫ້ການຍຸຕ່ຳກັນ ຄູ່ວຽກໃຫ້ໃຫ້ຜ່ນວນ
ອົນຂຶ້ນດ້ຽນກັບຂໍ້ກ່ມົຂ້ານວຸຕັ່ງນົ້ໄດ້ເໝືອນກັນດ້ຽວ່ານມມາຕຣາ ໓ ແບ່ງ
ກ່ມົນວຽຕ່ຽແຕ່ລກວາ ຍຸຕ່ຳກັນດ້ຽບັນແລ້ວກ່ຳຕ້ອງ ເຫ້ານວານບົນອວນບນີ
ຍັງຄ່ນວົນຕິງເສັ້ຽ ນວ່ວຄົບບັນຍັ້ນບັບນິຕ່ຳໄດ້ຣ່ຳໃຫໃນຫນັໃດ ເຫ້ານວນ
ອຸທອນນຍົເສັ້ຽຍ້ອນດ້ຽບ້ຳກດວນວຕ່ຽໆ ທຸກໆ ນບໍ :-

ຄູ່ກວນວຍ່ເວັນຕິງບ້ນມວວາກ ນວນວິຈະຈ່ວເນ້ອໆ ທ່ານອະຫ່ນບົດຜູ້ວິກ
ຄວຽແຂວງຕ້ອງສົງຄ່ວເຫ້ານບຂວຽທ່ວນໄວ່ໂບຄ່ວຍ້ບັນຄ້ລວ ຄ່ວເຫ້ານບົຕ່ຳ
ຄູ່ໃຫໍຕວນວ່ວບວນຄະດົຍ້ບັນຄ້ລວ :-

ມາຕຣາ ໑໐໘ - ນວນຍຸທອນນຍົເສັ້ຽກ່ນະໄດ້ພິຈາລະນາຕັ່ງນົນຄະດົຍ້ບັນໃນຫນັໃດ ບອຼ
ວ່ຳດົບົເລກກິເຣ່ຂວບນຣຶ :-

Copie de la décision qui intervient est transmise de même, soit à la juridiction qui s'était indûment dessaisie, en cas de rejet, laquelle dès lors est définitivement saisie à nouveau, soit à la juridiction désignée pour connaître de l'affaire en cas d'admission.

ARTICLE 109.

Dans le cas où deux juridictions de même ordre et du même degré ou de degrés et d'ordres différents se trouvent saisies en même temps de la même affaire ou de deux affaires ayant entre elles des liens de connexité ou des points communs tels qu'elles ne puissent être jugées séparément sans risquer la contrariété des décisions à intervenir, il y a lieu pour le tribunal supérieur à règlement de juges.

ARTICLE 110.

Lorsque le conflit se produit entre deux tribunaux provinciaux ou entre un tribunal provincial et un tribunal indigène, il appartient au Résident supérieur, Chef de la justice indigène, dès qu'il en est avisé par l'un des Commissaires du Gouvernement, de saisir le tribunal supérieur d'un pourvoi en règlement de Juges.

Lorsque le conflit a lieu entre deux tribunaux indigènes s'ils se trouvent dans la même province, le pourvoi doit être formé par le Commissaire du Gouvernement de cette province. S'ils se trouvent dans des provinces différentes, chaque Chef de province est également qualifié pour saisir le tribunal supérieur.

ລັກສະນະບົບບຸກຂອງພວກພະນັກງານຍຸຕິທັມນັ້ນ ກໍຈະໄດ້ນຳໃຊ້ໄປກັບໄດໃຫ້
ພວກຂ້າເຮົາຄວນບວ່າຫ້ອງໄດ້ພິຍາວກຼຼາຄະດີຄ່ເຊື້ອງນັ້ນບ້າະໄດ້ນຳໃຊ້ໄປກັບ
ໄດເບນ້ອນການໃຫ້ພວກຂ້ວຼບໍຕາງບົດຕັ້ກຕາອ້ງຄວາມກົຼຼບານາງຢຼງພວກອຸທອນ
ຍຸຕິທັມບົບເຮົາຄິບ່ ແລະຖ້ານັບໄປພວກນັບກໍຈະເປັນຜູ້ຕາອ່ໄດ້ພິຍາວກຼຼາ
ເປັນເຄ ຼເ຺ ຼໄນນອກ -

ມາຕຼາ ໑໐໙ - ໄນຄະນະເມືອງພວກສອາລະພະຍຸຕິຽງກັບ ພຼຼຕ່າງຢຼອັກຕັບຫາກພຍທັນ
ກັນໄດ້ຮັບຄ່ຮອ້ຽຢຸຍຍາກຼຼຼາຄະຄີເຊື້ອງຽງກັບບ້າຄະຄີນອງເຮຼ້ອງນຶ້ກຽຼງ
ຂອງກັບບ້ານີ້ຽຫາວບັຕຽງກັບຂ້ຼບ່ອາຼຈະກຼຼ້ຼນບເບີນ ສອາ ແນນກ ບໄດ້ກິວ
ຈະມີຄ່ພິຍາວກຼຼຼບ່ຕັ້ກຕາອ່ງກັນ ຼຼບພິຍຼຼຽຈະເປັນຜູ້ຕ ຼຽນ ນອບຂ່
ຂ ຂຼໄບ້າແກ່ສອບກຼຽເປັນຜູ້ພິຍາວກຼຼາ -

ມາຕຼາ ໑໑໐ - ຄ້ວກວນຂຼຽອ້າກັບຫາວກເກິຼຽນຶ້ ໄນລະຫວ່າງຼ຺ຽສວນບິຽ຺ວ່ຽແຽຼ຺ຽ
ຫນ຺ຽ ກັບສວນບິຽຈ່ຽແຽຼ຺ຽບນຶ້ອກ ບ້າໄນລະຫວ່າງຼ຺ຽສວນບິຽຈ່ຽແຽຼ຺ຽ ກັບ
ສວນບິຽຈ່ຽເມື຺ຽ ເມຼຽຫ່ວນຄະຫ່ຼບຄຶຜູ້ບິກຄອຼຽແຽຼ຺ຽ ຂຼຼຼເປັນຜ຺ູຽນ່
ເຫຼຼທຄວາມຂຼຽຂ຺ຽນັ້ ຼຽແຈຼ຺ຽຄ຺ຽຫ່ວນຜ຺ູຽສ່ວເຊຼ຺ຽວຂຸຼະກວານ ເຼຼ຺ຽແຫ່ຼ຺ຽກວານ
ບຶຫັນສາວແລ຺ະ ຫ່ວນກໍຈະໄດ້ນຳຂຼຼຽຂຼ຺ຽຂ຺ອ້ຽນັບ ເປີໃຫ້ສວນອຸທອນຍົຄ ຼຼ
ເປັນຜ຺ູຽຣຼຼ຺ຽນໄບ້າແກ່ສວນ ຂຼຼບຕ຺ກຄາຽຼຽກັບນັບ ..

ຄ້ວກວນຜຼຼຽຂ຺ອ້າກັບຫາວກເກິ຺ຼຽນຶ້ ໄນລະຫວ່າງຼ຺ຽສວນບິຽຈ່ຽເມື຺ອ຺ຽ ຂຼ຺ຽ
ຂຼໄນແຽຼ຺ຽ຺ຽຽງກັບ ກໍຈະແມ່ນຫ່ວນຼະຫ່ຼບຄຶຜ຺ູຽບິກຄອຼຽແຽຼ຺ຽນັບ ເປັນຜ຺ູຽ
ບ່ຄວາມຂຶ຺ນແຈຼ຺ຽຕ່ຼ຺ຽສວນອຸທອນຍົຄເຊຼ຺ຽ ຄ຺ຽແກຼ຺ຽຽນໄນລະຫວ່າງຼ຺ຽສວນບິຽ
ຈ່ຽເມື຺ອ຺ຽຽຼ຺ຽໄນແຽຼ຺ຽຼາ່ຼຽຽ ກັບ ຫ່ວນລະຫ່ຼບຄຶຜ຺ູຽບິກຄອຼຽແຽຼ຺ຽໄດ ກໍຈະຣ
ຂ຺ອ້ບຼຼຽບ່ຄວາມຂຶ຺ນແຈຼ຺ຽຕ່ຼ຺ຽສວນອຸທອນຍົຄເຊຼ຺ຽໄດ້ -

Les inculpés, les personnes civilement responsables, les parties civiles ont également qualité dans tous les cas pour former le pourvoi en règlement de juges.

ARTICLE 111.

Le pourvoi en règlement de juges est notifié au greffe des juridictions en conflit. Celles-ci doivent immédiatement surseoir à l'instruction et ou jugement de l'affaire et transmettre au tribunal supérieur les dossiers et pièces afférentes.

Le tribunal supérieur statue hors tour et procède au règlement de juges.

Copie du jugement du tribunal supérieur est transmise sans délai au greffe de la juridiction désignée qui reste définitivement saisie de l'affaire.

ARTICLE 112.

En cas de conflit entre une juridiction française et une juridiction laotienne saisies l'une et l'autre de la même affaire, la juridiction laotienne doit surseoir sans délai. Le Résident supérieur immédiatement avisé par le Commissaire du Gouvernement doit faire connaître l'existence du conflit au Procureur général près la Cour d'appel du ressort de la juridiction française, afin que ce haut magistrat saisisse de la question de compétence la juridiction appelée à en connaître.

ຜູ້ຫຼັກແຫຼ ແລະຜູ້ຮັບພິນຮັບຂອບຂວາແນ່ໆ ແລະໂອກາດຕ່າງແນ່ໆກໍມີ
ຄວາມສາມາດເພື່ອຈະຮັບຂໍ້ຄຳສັ່ງຂອງທາງຣາຊເນຊາໂດ ເພື່ອໃຫ້ຣາຊການຣາຊເນຊາ
ຕັ້ງໃນການຂໍ້ຮຽງຮ້ອງກຳຣຸນໃນເນຊາທ່າງຕ່າງໆ -

ມາຕຣາ ໑໑໑ - ຄ່າຂໍໃຫ້ຕັ້ງໃນການຂໍ້ຮຽງຮ້ອງກຳຣຸນໃນລະຫວ່າງຣະຍະບົນ ຈະໄດ້ແຈ້ງ
ໃຫ້ຣາຊຮຽງຂໍ້ຮຽງຂໍ້ຮຽງກັບນັບຂວາບ - ຣາຊເບຼຽບັນຕ້ອງກຣຸການໄຕ່ສວນ
ພິນຍາກຣຸຄະຕີເຮື່ອງນັ້ນໄປຫັນໄດ ແລ້ວຈິງວ່າຊນຄວາມພຽອມດັ່ງບຼຼກ
ຄຸນຕ່າງໆ ໃຫ້ບັ່ງຣາຊອຸທອນຣາຊເນຊາ -

ຣາຊເນຊາ ຈະໄດ້ຕັ້ງໃນບຽນເອກວ່ງລຳດັບຫັນະຄວກວບຂໍ້ຮຽງຂໍ້ ຂອງ
ຣາຊເບຼຽບັນ -

ລວ່າງຄ່າຕັ້ງໃນຂອງຣາຊເນຊາກຳຈະໄດ້ຈຣິ່ງໃຫ້ເຂົ້າຂ່າຣາຊຂໍ້ຮຽງຕຸກໂຫ່ພິນ
ຍາກຣຸວໄນຫັນໄດ ແລະແຕ່ບັນເຂື່ຣະເບີ່ນຣາຊຂໍ້ຈະໄດ້ ພິນຍາກຣຸວຄະຕີບັນ
ໃຫ້ເບີ່ນເຄຼຮວຣ -

ມາຕຣາ ໑໑໒ - ຕຸ້ກຣາຊຂໍ້ຮຽງຂໍ້ຮບັບບາງການເກຼ່ງຮ້ວນໄປລະຫວ່າງຣວຣາຊຣາຊບຜູ້ຣເນຊ ແລະ
ຣວບລວງຂໍ້ໄດ້ຮັບຄ່າຣອງຄະ ຕີເຮື່ອງກຽງກັບ ແລະພຽອມກັບຫ້າງຣອງຂ້າງ
ຣວບລວງຕ້ອງກຣຸການໄຕ່ຣວນພິນຍວຣກຣຸວໄນຫັນໄດ -

ຫ່ານຜູ້ຣິງເຣຮຣວຂຸຣການ ຂ້າຫ່ວນຣະຫິນບັຕຜູ້ຮິກຄອງແຮຣາວຈະໄດ້ເບີນ
ຜູ້ນ່ວຄວາມຣຮິນແຈ້ງໃຫ້ຫ່ວນຂວບ ຈະໄດ້ນ່ວຄວາມຂໍ້ ຂະຮບັນຂ້ນແຮ່ງໃຫ້
ເຮຣກຼງໄຍຣະການແບຼງຣວບຂຸທອງບຜູ້ຣເນຊ ຂຼ່ເບີນເອວທອຣຫິຣວບຜູ້ຣ
ເນຊບັນເບຼອ ບ້າຕຼວກວບຂຸບຣຼຜູ້ບີຂວບຂໍ້ຮຂໍ້ຮັບນັນແລະບັບບຍຣ ໃຫ້ຣວບ
ຂຼຈະນິຂ່ານຣຮພິນຍວກຣຸວຄະຕີເຮື່ອງນັບໄດ -

Si la compétence est retenue par la juridiction française, la juridiction laotienne est définitivement dessaisie. Dans le cas contraire, l'affaire revient devant la juridiction laotienne.

SECTION III

Récusation, Déport.

ARTICLE 113.

Tout magistrat qui se trouve dans un cas pouvant donner lieu au déport doit en faire la déclaration par acte déposé au greffe du tribunal dont il fait partie. Cet acte contient l'exposé des causes de récusation. Il est transmis au greffe du Tribunal Supérieur avec le dossier de l'affaire.

Le tribunal supérieur statue hors tour de rôle en admettant ou rejetant le déport.

ARTICLE 114.

La récusation de un ou de plusieurs magistrats par un prévenu ou par toute autre partie intéressée doit se produire au moyen d'une requête ou d'une déclaration faite au greffe du tribunal saisi.

L'acte de récusation est immédiatement communiqué par le greffier aux magistrats récusés. Ceux-ci doivent fournir toutes explications ou observations qu'ils jugent utiles en réponse par une note faisant suite à la requête. Copie du tout est transmise avec tous dossiers à l'appui au greffe du tribunal supérieur qui statue comme il est dit à l'article précédent.

ຄູ່ຄວາມຝ່າຍເສັຽຫາກໄດ້ຮັບອ່ານຄຳຍົນຍາກສາະແລ້ວ ຄວາມລວງກໍ່
ບໍ່ຕົກຽງະ ໄດ້ຍົນຍາກສາະຄໍ້ໄປ ຄູ່ຄວາມຝ່າຍເສັຽບໍ່ອ່ານຄຳຍົນຍາກສາະ
ເຮື່ອງນັ້ນແລ້ວ ຄະດີກໍ່ເຫາກຢູ່ໃນອ່ານຄຳລວງລວງຄໍ່ຈະຍົນຍາກສາະໄດ້ -

<u>ໝວດ ທີ ໓</u>

<u>ວ່າດ້ວຍການຄຸ້ມຄວາມຂອງລູກຄວາມ ແລະຫ້າວການຄຸ້ມຄວາມຕາມເອງ</u>

ມາຕາ ໑໑໓ - ຄູ່ຄວາມຜູ້ໄດຂໍ້ງຕາກຢູ່ໃນນະຄວາມໃດ ນະຄວາມໜຶ່ງ ຈ່າໃຫ້ຄຸ້ຄວັນ
ຕົບເອງ ຕ້ອງຫ່ວຄ່າຂໍແຈ້ງ ສບັບໜຶ່ງ ຍົນຕ່າວ່າລວານ ຢ້າຕາມເປັນຄຳຄວາມຂຶ້
ນັ້ນ ເປຄ່ວຂໍ້ແຈ້ງນັ້ນ ຕ້ອງບອກເຫາຕຸການຂໍ່ຍວາໃຫ້ຕາມຄຸ້ຄວັນຕັບເອງ
ຫັນ ຄ່ວຂໍ້ແຈ້ງນັ້ນະໄດ້ລົງໃຫ້ຢ່າລວານອຸທອນຍົນເຫັຽຽອັນດັ່ງລ່ວງອັນຄະ
ດີເຮື່ອງນັ້ນດັ່ງ -

ລວານອຸທອນຍົນເສັຽ ຈະໄດ້ຈຶ່ງນໍຽບອກລ່ວຕັບຫັນະ...ແບ່າຽບວນຄຸ້ຂຶ່ຄ່ວ
ຮ້ອງ ເຫັ່ອຈະໄດ້ຮັບເອວ ຫ້າບ່ຮັບເອວຄ່ວຄຸ້ຄວັນຕົບເອງ ຂອງຄຸ້ຄວານຜູ້ນັ້ນ

ມາຕາ ໑໑໔ - ການຜູ້ຄຸ້ກບຫາຽບ້າລກຄວາມຂວ້າໄດ້ຂ້ວຽໜຶ່ງ ຈະຄຸ້ຄວັນຕ່າການ
ຜູ້ໜຶ່ງຫ້າຫ້າຽງຄົນ ຕອງໄຫ້ຫ່ວຄ່ວຮ່ວຽຫ້າຄ່ວຂໍ້ແຈ້ຽຍົນຕ່າຈ່ວລວານ ຢ້າຍົນ
ຍວກສາຽຄະດີນັ້ນ -

ຈ່ວລວານະໄດ້ເອວຄ່ວຮ່ອຽຄຸ້ຄວັນນັບໃຫ້ຕາການຜູ້ຄຸກກໍ່ຄຸ້ຄວັນຄູໃນ
ຫັນໃດ ຕາການຫຼ່ອ່ານ ນັ້ນຕ່ອງຫ່ອຄ່ວະຫໍ່ບວງຫ້າຄ່ຕ່ັງຂຶ້ຽເຈົ້ນເຫ້ານຄອບ
ຕອບເຊີນຂ້ງຫຼວຽ ສບັບໜຶ່ງຕໍ່ກັບຄ່ວຮ່ອຽຂອຽຜູ້ຄຸກບ້າຽບ້າລກຄວາມຫ້າຽ
ນັ້ນ ລ່ວາຄ່ວຮ່ອຽຄຸ້ຄວັນະແລະຄ່ວະຫໍບວງຫຽບັນຽເຈົ້ານັບລ່ວນລນຄະ
ດີຫ້ຽຫຼາຽະໄດ້ລົງໃຫ້ຢ່າລວານອຸທອນຍົນເສັຽຂຶ້ຽະໄດ້ຈຶ່ງນໍຽບເຫນ້ອນວ່
ໃນ່ເນມາຕາະບົນິ່ -

ARTICLE 115.

Si par suite de déport ou de la récusation d'un certain nombre de magistrats, la juridiction dont ils font partie se trouve dans l'impossibilité de se constituer, le tribunal supérieur désigne un autre tribunal devant lequel sont renvoyées la cause et les parties.

ARTICLE 116

L'empêchement résultant d'une maladie ou de toute autre impossibilité physique ou matérielle donne lieu simplement au remplacement du magistrat empêché par celui de ses collègues qui vient après lui dans l'ordre établi aux articles 8, 9, 17 et 19 du Code de l'Organisation judiciaire.

Si plusieurs magistrats se trouvent ainsi empêchés et que le tribunal ne peut se constituer, des magistrats provisoires sont désignés par arrêté du Résident Supérieur pour les remplacer pour la durée de l'indisposition des titulaires.

TITRE III

CHAPITRE PREMIER.

Pourvoi en revision

SECTION I.

Conditions d'exercice, formes.

ARTICLE 117.

Les demandes en revision spéciales aux matières correctionnelles et criminelles, ne peuvent se produire que lorsque toutes autres voies de recours ne sont pas possibles.

ມາດຕາ ໑໑໕ - ເມື່ອຕຸລາການໄດ້ຄັດຄ້ານຕົນເອງ ຫຼືລູກຄວາມໄດ້ຄັດຄ້ານຕຸລາການຜູ້ໜຶ່ງຫຼືຫຼາຍຄົນແລ້ວນັ້ນ ສານຊຶ່ງຕຸລາການເຫຼົ່ານັ້ນເປັນຜູ້ນັ່ງຫາກບໍ່ອາດຈະມີຈຳນວນຕຸລາການຄົບຄະນະໄດ້ແລ້ວ ສານອຸທອນພິເສດຈະໄດ້ບົ່ງຊີ້ບອກສານໃໝ່ຊຶ່ງຈະໄດ້ສົ່ງຄະດີແລະລູກຄວາມໄປໃຫ້ໄຕ່ສວນພິພາກສາ -

ມາດຕາ ໑໑໖ - ໃນຄະນະເມື່ອຕຸລາການຜູ້ໜຶ່ງຫາກຈະນັ່ງສານບໍ່ໄດ້ ດັ່ງການເຈັບເປັນຫຼືດັ່ງເຫດການອື່ນໆ ຝ່າຍຮ່າງກາຍ ຫຼືຝ່າຍອື່ນໆ ນອກຈາກເຫດໄດ້ວ່າມາໃນບົດນີ້ແລ້ວກໍຈະໄດ້ໃຫ້ພວກເພື່ອນຕຸລາການຂອງທ່ານນັ້ນເປັນຜູ້ນັ່ງສານແທນເທົ່ານັ້ນເອງ ຕາມລຳດັບຊຶ່ງໄດ້ຕັ້ງໄວ້ໃນມາດຕາ ໘ - ໙ - ໑໗ ແລະ ໑໙ ແຫ່ງກົດໝາຍຕັ້ງແຕ່ງການຍຸຕິທັມ -

ຖ້າມີຕຸລາການຫຼາຍຄົນຫາກຈະນັ່ງສານບໍ່ໄດ້ເໝືອນທີ່ວ່າມາແລ້ວນີ້ ແລະສານນັ້ນຫາກບໍ່ອາດຈະມີຈຳນວນຕຸລາການຄົບຄະນະໄດ້ແລ້ວ ທ່ານຜູ້ສຳເລັດຣາຊະການຈະໄດ້ອອກຂໍ້ຄຳສັ່ງ ແຕ່ງຕຸລາການໃໝ່ມານັ່ງສານຊົ່ວຄາວແທນຕຸລາການທັງຫຼາຍເຫຼົ່ານັ້ນ ຈົນເຖິງເວລາຕຸລາການເຈົ້າທີ່ນັ້ນ ສິ້ນທຸຣະບາງພຽງໃດ -

---

ພາກທີ ໓

ບົດທີ ໑

ອຸທອນເພື່ອໃຫ້ກວດກາຄຳພິພາກສາໃໝ່ -

ໝວດທີ ໑

ວິທີຮ້ອງຂໍໃຫ້ກວດກາຄຳພິພາກສາ ແລະຮູບການຂອງຄຳຮ້ອງຂໍເຫຼົ່ານັ້ນ -

ມາດຕາ ໑໑໗ - ຄຳຮ້ອງຂໍໃຫ້ກວດກາຄຳພິພາກສາ ສຳລັບແຕ່ຄະດີແພ່ງ ກໍໂທດຂະນຸໂທດ ແລະຄະຣຸໂທດນັ້ນຈະທຳໄດ້ແຕ່ໃນເມື່ອຈະອຸທອນທາງອື່ນອີກບໍ່ໄດ້

Article 118

Il ne peut y avoir lieu à revision d'un jugement passé depuis un temps plus ou moins long en force de chose jugée que pour une erreur de fait dont la preuve peut résulter :

1º de deux condamnations successivement intervenues pour le même fait, contre deux individus différents dont la culpabilité est inconciliable ;

2º de la condamnation prononcée à raison d'un faux témoignage, ayant entraîné la condamnation dont la revision est demandée ;

3º de l'existence constatée de la personne pour l'homicide de laquelle une condamnation a été prononcée ;

4º de la révélation ou de la production de faits ou de documents nouveaux de nature à démontrer l'innocence des condamnés.

Article 119

Les demandes en revision ne peuvent être formées que par le condamné lui-même ou par les personnes habiles à le représenter dans les conditions prévues à l'article 78 du présent code.

Elles peuvent être formées même après le décès du condamné par ses ascendants ou par ses descendants.

Cette voie de recours n'est ouverte ni aux personnes civilement responsables ni aux plaignants.

ມາຕຣາ ໑໑໘ - ຄ່າເຍັຍວກຣຽວຖິ້ງໄວ້ໂດເບິ່ງເຊຍຂຸຍ່ທີ່ດິນແຫ່ງ ຈະກຳຈຸດ(?)ເພີ່ມໄດ້
ແຕ່ເບນະຄວາມໂດຕ(?)ຈູ່ນີ່ນບໍ(?)ຍຶກ ແລະມີບ່າກຄວາມດັ່ງຈະວ່າຄຳໄປນີ້ -

   ໒ ໑ - ໂດຄນໂຫຣຸນອງແຍບຣກ່ຳກ່ານໄປຄ່ວຢຸ່ງອັນຄຽງ ແຕ່ຄິນນອງຄິນ
         ຕ່າງກັນ ແລະຂຳຈະເອົາໂຫຣກັບຄິນນອງຄິນຍຸອັນກ້ານນັ້ນ ບໍ່ວາຣ
         ຈະເບິ່ງໂດ

   ໒ ໒ - ໂດຄນໂຫຣຸດ້ວຍຽວນເບົາກວນເຫຣ ແລະຄ່ວໄປ່ກວນເຫຣຸນັ້ນຍວ
         ໄປ່ຄນໂຫຣຸຂຶງຂຳໄປ່ກວງຣຸກໄປ່ມອກ -

   ໒ ໓ - ໂດຄນໂຫຣຸວ່ວຂົວຄິນ ແລະຍວງຄຸນມວໂດເຫ້ານເບິ່ງຂ້າງວ່າຄິນຂຳເຮວ
         ໄຂ່ວຖຸກຂ້ວຕວງຍັນຍ້ວນຂຸອ່ງ(?) -

   ໒ ໔ - ໂດຂຸອກຄິນເຫ້າຍ ບ້າໂດເອົາເຫາຕຸກວນ ບ້າບ່າກຄຸວນໄປ່ນອອກອ້າງ
         ອຣຸຈະໄປ່ເຫ້ານເບິ່ງຂ້າງວ່າບຸກຄິນທິ່ຖຸກໂຫຣຸນັບບໍ່ມີຜຸຣ -

ມາຕຣາ ໑໑໙ - ຄ່ວຣຂ້າງຂຳໄປ່ກວງຣຸກຄ່ວນຶຍວກຣຸວ່ານີ້ ຕ້ອງໄປ່ຍຜູ້ຖຸກໂຫຣຸເອງເປັນ
ຜູ້ທ່ວບ້າບຸຣກຄິນ ຂຸ່ງມີຄວາມສວນຈຸ່ຕວຈວງຂອງເຂົາໄດ້ເບິ່ງຜູ້ທ່ວໄປ່ຖຸກ
ຕ້ອງກະບວນມາຕຣາ ໓໔ ແບ່ວງຄຸ່ຫນ້ວຽນີ້ -

   ຖ້າວ່າຜູ້ຖຸກໂຫຣຸບັຖ້າແກ່ກວ່າແຂ້ງກ່ຄິຶລຸກຍຖ້ານຽຖ້ານບ້າຖ້ຽຍວນ່ເຖົ້ວ
ແມ່ເຖ້ວຈະຂອງຂຳໄປ່ກວງຣຸກຄ່ວນຶຍວກຣຸວກ່ໄດ້ -

   ກວນອຸຫອນຂ້ອງຂຳດັ່ງວ່ານວນີ້ ຜູ້ຣັບຜຸ່ຣັບຂຸອບຂຂ້ວຫນ່ຽວແລະຜູ້ຣອ່ງ
ນີ້ອ່ງຈະຫວ່ບ່ໄດ -

Article 120.

Le pourvoi en revision est instruit par une requête déposée ou par une déclaration faite, à cet effet, au greffe du tribunal supérieur, avec l'exposé des faits, l'indication de la date à laquelle a été rendu le jugement dont la revision est demandée et de la juridiction qui l'a prononcé ; toutes pièces à l'appui doivent y être jointes.

Le pourvoi en revision est instruit et jugé par le tribunal supérieur dans les mêmes formes que le pourvoi en annulation.

SECTION II

Effet du pourvoi en revision

Article 121

Le pourvoi en revision a pour effet de remettre en question tout ce qui a été jugé dans la sentence qui fait l'objet du pourvoi.

Article 122

Le tribunal supérieur doit examiner tout d'abord si le pourvoi est recevable et s'il s'appuie sur l'un des quatre cas prévus ci-dessus.

Article 123

Si le pourvoi a été valablement fait, et, s'il est possible de procéder à de nouveaux débats, soit devant la juridiction qui a prononcé le jugement dont la revision est demandée, celle-ci étant différemment composée avec d'autres magistrats, soit, dans le cas contraire, devant une autre juridiction du même ordre, le tribunal supérieur, après avoir annulé le jugement, renverra la cause en conséquence, en désignant ainsi qu'il vient d'être dit, la juridiction qui devra en connaître.

ມາຕຣາ ໑ໂ໐ - ການຮ້ອງຂໍເຂົ້າການຊຸກຄ່ວນພິພາກຉາວນີ້ ຈະໄດ້ພິຈາຣະນາໄກ່ສວນເມື່ອ
ມີຄ່ວຮ້ອງຫ້າ ... ຂໍແຈ້ງ ໄນການຮວບບາຣິຊາຍບົຕຳວ່າສວາຣຸຫຂອນພິເສນຸຍອນ
ດ້ວຍຄ່ວຂໍແຊ່ງເບາຣະກາມ ແລະ ວັນເຂົ້າໄດ້ລົງຄ່ວພິພາກຉາ ... ຈຸກ່ວ່ໄຫການຊຸກ
ແລະ ຊໍ ສວນຂໍ້ໄດ້ລົງຄ່ວພິພາກຉາ ... ຈຂ ... ... ເອົຽວານ
ຄ່ວຮ້ອງ ... ...

ຄ່ວຮ້ອງຂໍເຂົ້າການຊຸກຄ່ວພິພາກຉາກ່ຈະແນ່ນ.ສວນຊຸຫຂອນພິເສນຸເບີນ
ຜູ້ໄກ່ສວນພິພາກຉາ.ເບື້ອງ.ລວງ.ກັບກັບຄ່ວຮ້ອງຂໍ.ເຂບ.ສບ.ລຈ໊ -

ເບ໋ກ ທີ ໂ

- ຜິນຂອງການຮ້ອງຂໍເຂົ້າການ.ຊຸກຄ່ວພິພາກຉາ -

ມາຕຣາ ໑ໂ໑ - ການຮ້ອງຂໍເຂົ້າການຊຸກຄ່ວພິພາກຉາວັນ ສ່ວຫ້າບເຂົ້າເລົ້ກຄດິ.ຊໍມມາ
ຂົຄວາມຫ້ວຍຫຍ2ກ່ໄດ້ຕຈ.ຣ໊ນແລ້ວ ໄຊ່ຄ່ວພິພາກຉາ ຊໍຈຸກກ່ຂໍເຫ້ການຊຸກ
ໄຫ່ນຣົກ -

ມາຕຣາ ໑ໂໂ - ຊຸບຄາຍ.ສວນຊຸຫຂອນພິເສນຸ ຫຈ໊ພິນຈາຽ.ເບາຕຈ.ກ່ວຄ່ວຮ້ອງຂໍບ້ຈະ
ຄວນຮັບໄດ້.ກ່ບ ແລະ.ມີຫຽກ.ຊ໊ວນຊຸກຈຕ໊.ຈາວມ໊ໄດ້.ເບ໊. ໄຊ ໕.ຊໍຂໍ.ໄດ້
ວ່າໄລ່.ເບມາຉາວ.ບິນ໊ -

ມາຕຣາ ໑ໂໃ - ຊຸ.ຄ່ວຮ້ອງຂໍໄລ່.ເບ.ຊ໊ກ.ຈາຊ.ຄວນຮັບໄດ້ ແລະ.ຖ້າ.ເຫ໊ບ.ວ່ຈະພິນຈາຽ
ນາ.ເບ່ນໄດ້.ໄນສວນ.ຂໍ້ໄດ້.ລົງ.ຄ່ວພິພາກຉາ ຊໍ.ເຂໂ.ຄ່ຂໍເຂົ້າການຊຸກບ.ກ໊ດ໌
ສວນ.ບິ.ຈາຊ.ໄດ້.ເຂົ້າ.ມ໊.ເຫ໊ຕຈ.ກາວ.ໄຫ໊ ບ້ຈຈ໊ບ.ຈະ.ພັນ.ເມ.ສວນຊຸຫຂອນພິ
.ເສນຸ.ໄດ້.ຈ.ຣ໊ນ.ລບ.ລຈ໊.ຄ່ວພິພາກຉາ.ແລ້ວ ກ່ຈະ.ໄດ້.ລົງ.ໄຍ.ຂໍ້.ສວນ.ອ້ນ.ຊຸ
ຊ.ຣ໊.ກັບ.ບ້.ຊຸ.ສວນຊຸຫຂອນພິເສນຸ.ຈະ.ໄດ້.ຊຸ.ບຈ.ເຫ໊.ອ້.ຽ.ວ.ມາ.ເລ໊ງ.ໄຫ໊.ເບີນ.ຜູ້
.ເຫ໊.ສວນພິພາກຉາ.ຕຳ.ເບີ -

Article 124

La juridiction ainsi saisie procédera à nouveau à l'instruction complète de l'affaire en tenant compte des éléments qui auront déterminé l'admission du pourvoi et qui devront faire l'objet de toutes les investigations et donner lieu à toutes mesures utiles d'information.

Le jugement qui intervient ensuite est soumis à toutes les règles et produit toutes les conséquences d'un jugement ordinaire.

Article 125

S'il est devenu impossible de procéder à de nouveaux débats dans les conditions où ils ont eu lieu lors du jugement revisé, dans le cas notamment de décès ou de disparition d'un ou de plusieurs condamnés ou d'un ou de plusieurs autres intéressés au procès, comme aussi en cas de prescription de l'action ou de la peine, le tribunal supérieur procédera lui même à l'instruction et au jugement de l'affaire, d'après les documents qui lui seront fournis ou indiqués par les demandeurs en revision et ceux qu'il puisera aux anciens dossiers de la cause, et par tous autres moyens utiles tels qu'expertise et enquête à laquelle procédera un de ses membres délégué à cet effet.

Article 126.

La juridiction de renvoi de même que le tribunal supérieur en cas d'innocence reconnue du condamné, peut ordonner qu'il lui sera alloué de justes dommages-intérêts lesquels seront supportés par la partie civile si celle-ci est reconnue responsable de la condamnation, et dans le cas contraire, par le Trésor.

ມາຕຼາ ໑໒໔ - ສ່ວນຊຶ້ງຖືກໃຫ້ພິພາກສາ ຕ້ອງໄຫ້ໂຕ່ສວນຄະດີ້ຮັບເຫຼະອ່ງ
ຄິບຂັນໄປ່ມອກຕາມຈຶ່ນ່າຄັບຊຶ້ງ່ຢ່າໃຫ້ຣບິເອງຄ່ວຣອ່ງ່ບັນ ແລະຈະຕ້ອງເດ
ອອກຄິບ່ຫາຣ ແລະຈຶ່ງ່ກວຣນຳວ່າຯ ຯສຶ່ງຈະ ເປັ ເຜ ບຣ ເຫຼຣ ່ກກ່ວຣ ໄກ່ສວຣ ການ
ຈຶ່ນ່າຄັນ ເຫຼ່າ ນຽບ ເຫຼ່ອ ງ ກນ -

ຄ່ວຍ ພ່ວ ກຽ ຊ່ງ ຈະ ໄດ້ ລ່ງ ່ວ່າ ເປັ ປຣ ຈະ ຕ້ອງ ໄດ້ ຫ່ວ ໄຫຼ ຊຶ່ກ ຕ້ອງ ຕາວ ຣ
ຫ່ມ ບ່ຣ ມ ຫຼ ກ ບຣ ກວຣ ແລະ ຈະ ມ້ ຜ ບ ເຊ ເດ ເຫຼ ່ອ ຄ່ ່ ພ່ ຮ ວ ກ ຊຼ ຣ ຫ່ມ ຮ້ ຣ -

ມາຕຼາ ໑໒໕ - ຖ້ວ ຫາ ວ ກ ເຫຼຣ ວ່າ ຣ ພ ່ງ ່ວ ຣ ຮ ໄຫຼ ບ ່ ເດ ເຫຼ່ອງ ຮ້ ໄດ້ ລ່ງ ຄ່ ່ ພ່
ຍ ວ ກ ຊຼ ຮ ່ຖ ກ ່ຣ ່ ເຫຼ ກຣ ຼຣ ມ ບ ຄ ່ ຮ ເຫຼ ຕ ່ ່ ມ ້ ຜ ຖ ກ ໂຫຼ ຊ ບ ້ ຜ ້ ຫ ກ ຼຣ ຮ ອ ້
ໃ ຄ ະ ຄ ່ ຣ ບ ຜ ້ ຫ ມ ຯ ບ ຼ ຫ ່ ຼ ຮ ຄ ຣ ໄດ້ ່ຖ ຼ ້ ່ ກ ກ ່ ເ ບ ກ ່ ຄ ່ ບ ຼ ຫ ຼ ຮ ຣ ຕ ຼ ໄ ບ ກ ່ ຄ ່ ບ ຼ
ຄ ່ ຼ ່ ຫ ຕ ່ ່ ສ ຮ ຍ ຄ ວ ຣ ມ ບ ່ ຊ ຼ ໄ ບ ້ ່ ລ ່ ກ ່ ຫ ຼ ຮ ຮ ຍ ໂຫຼ ຼ ແ ລ ່ ກ ່ ຄ ່ ່ ສ ຣ
ອ ຫ ອ ຣ ພ ່ ເ ຊ ຼ ຮ ຈ ະ ໄ ດ ໄ ກ ່ ສ ຣ ຣ ແ ລ ະ ພ ຍ ວ ກ ຊ ຼ ຮ ຄ ະ ດ ເ ຮ ຼ ້ ຼ ບ ເ ອ ຯ ຕ ຼ ມ ຫ ຼ ກ
ຖ ວ ບ ຊ ຼ ໄ ດ ້ ຍ ່ ຕ ່ ສ ວ ບ ຫ ຼ ຜ ຮ ອ ້ ໄ ບ ກ ອ ຍ ຼ ໄ ດ ້ ຂ ບ ກ ໄ ບ ່ ່ ກ ່ ສ ວ ບ ແ ລ ະ ຕ າ ວ
ຫ ຼ ກ ຕ ຼ ວ ບ ຊ ຼ ຮ ໂ ດ ່ ຍ ຫ ິ ຍ ຍ ຮ ຍ ຍ ຣ ກ ຣ ສ ຳ ຣ ຮ ບ ເ ຫ ິ ວ ເ ຫ ່ ຼ ຄ ະ ດ ເ ຮ ຼ ້ ຼ ບ ່ ແ ລ ະ
ຕ າ ວ ຍ ຼ ຮ ຫ າ ຼ ຯ ຫ ຼ ກ ຕ ຼ ວ ບ ຕ ່ ່ ຯ ຯ ອ ຼ ຼ ຈ ະ ເ ປ ັ ຍ ບ ໄ ດ ່ ່ ່ ່ ່ ່ ່ ່ ່ ່ ່ ່ ່ ່ ່ ່ ່
ນ ບ ້ ສ ວ ນ ຊ ຼ ່ ວ ນ ຈ ະ ໄ ດ ້ ແ ຕ ່ ່ ່ ່ ່ ່ ່ ່ ່ ່ ່ ່ ່ ່ ່ ່ ່ ່ ່
ນ ບ ້ ສ ວ ນ -

ມາຕຼາ ໑໒໖ - ສ່ວນຊຼ້ງໄດ້ຣບ ເ ປ ຍ ຜ ້ ພ ຼ ວ ກ ຊ ຼ ຣ ເ ຫ ຼ ່ ອ ຍ ກ ບ ກ ບ ້ ສ ວ ບ ອ ຫ ອ ຍ ຊ ຼ ້ ່
ເ ມ ື ອ ເ ຫ ຼ ້ ວ ຈ ຼ ້ ່ ວ ່ າ ຜ ້ ຖ ກ ໂ ຫ ຼ ບ ບ ້ ບ ຫ ່ ່ ່ ່ ່ ່ ່ ່ ່ ່ ່ ່ ່ ່ ່ ່ ່ ່ ່
ຕ າ ວ ຍ ບ ຳ ຫ ຼ ກ ກ ່ ໄ ດ ່
ຖ ້ ໃ ຈ ຣ ຂ ້ ່ ແ ຍ ່
ຖ ້ ບ ຼ ະ ນ ຼ ກ ່ ຈ ະ ໝ ່ ບ ຄ ່ ຼ ຫ ຼ ຮ ວ ່ ເ ບ ຼ ຜ ້ ່ ສ ຼ -

CHAPITRE II

Libération conditionnelle

SECTION I

Nature et conditions d'exercice

ARTICLE 127,

La libération conditionnelle est une mesure de clémence en faveur des condamnés qui se seront faits remarquer par leur bonne conduite, au cours de l'exécution de leur peine,.

ARTICLE 128.

La libération conditionnelle ne peut être accordée qu'aux condamnés à des peines temporaires ayant subi la moitié de leur peine.

Les récidivistes ne peuvent en bénéficier.

ARTICLE 129.

La libération conditionnelle ne peut être accordée aux condamnés à des peines perpétuelles; mais lorsque ces condamnés ont bénéficié d'une mesure de clémence transformant la peine perpétuelle en une peine temporaire, la libération conditionnelle peut leur être accordée,

ບົດທີ ໒

ວ່າດ້ວຍປ່ຽວຕິວນັກໂທດກ່ອນວິນໂທດ -

ໝວດ ໑ ທີ ໑

ວ່າດ້ວຍນະຄວາມຂຶ້ນຈະໄດ້ປ່ຽວຕິກ່ອນວິນໂທດ ແລະຫັນໝວ
ຈະໄດ້ຈຳກວາມປ່ຽວຕິວ -

ມາຕຼາ ໑໒໗ - ການປ່ຽວຕິວນັກໂທດກ່ອນວິນໂທດນັ້ນ ເບິກການກະຮຸນນາຊ້ອງຊ
ໄຫ້ແກ່ນັກ ໂທດທີ່ໄດ້ບິະໝູຕິວໄຫ້ເຫັນວ່າຮູ້ບຮ້ອງ ໂດຄະນະເຊວຄຸກຂ້າ
ແລະວ້ານໂທດຂອງເຂົ້ຊຶ່ໃນຄຸກນັນ -

ມາຕຼາ ໑໒໘ - ການປ່ຽວຕິກ່ອນວິນໂທດນັ້ນ ຈະອະນຸບາຍໄຫ້ໄດ້ແກ່ຈຳພວກ
ນັກໂທດທີ່ຄຸກໂທດນັກວ່າບຮຸຂວິຄ້ວາງແຕ່ເທິວນັ້ນ ຈຳໄດ້ວ້ານໂທດຂອ
ເຂົ້ໄຫຮເຄົ້ຽບນຳແລ້ວ -

ຈຳພວກນັກໂທດທີ່ຄຸກ ໂທດໂດນະຄວາບເຊັ່ນຫຼ້າບບັນ ບ້ອງຈະ
ຮັບຄວາມກະຮຸນນາຊ້ອງນັ້ນໄດ້ແລ -

ມາຕຼາ ໑໒໙ - ການປ່ຽວຕິກ່ອນວິນໂທດນັ້ນ ຈະອະນຸບາຍໄຫ້ແກ່ນັກໂທດ ຂຶ້ຄຸກ
ໂທດຈນວິນຂຶ້ຊຼບບ່ໄດ້ ແຕ່ວ່າຄຸ້ານັກໂທດເບຼົ້າບ້ໄດ້ຮັບຄວາມກະຮຸນນາ
ປ່ຽນໂທດຈນວິນຂຶ້ຊຼເບິນໂທດນັກວ່າບຮຸຂວິຄ້ວາ ແລ້ວກ່ຈະຮັບໄດ້ບຼ
ຄວາມກະຮຸນນາຊ່ວນນັ້ນ -

Article 130,

Dans le cas prévu à l'article précédent, il est tenu compte pour déterminer si le condamné se trouve avoir accompli la moitié de sa peine, du temps écoulé préalablement à la mesure qui a transformé en peine temporaire la peine perpétuelle dont il était frappé.

SECTION II.

Procédure de la libération conditionnelle

Article 131.

La libération conditionnelle peut être demandée soit par le détenu lui même, soit par le mandataire légal ou conventionnel habilité à le représenter, ainsi qu'il est dit à l'article 78 ci-dessus.

La demande doit être adressée au Résident Supérieur, Chef de la justice indigène au Laos.

Article 132.

En dehors de toute demande présentée par le condamné ou par ses ayants droit, la libération conditionnelle peut être proposée d'office soit par le Directeur de la prison dans laquelle le condamné est détenu, soit par le Président du tribunal qui a prononcé la condamnation dont la libération aura pour résultat de suspendre les effets, soit par le Commissaire du Gouvernement de la province.

Les propositions ainsi faites sont également adressées au Résident Supérieur.

ມາຕຣາ ໑໓໐ - ໃນຣະຄວາມທີ່ວ່າມາໃນມາຕຣາບັນນີ້ ເມື່ອຈະກະກ່າວບັງຄັບວ່ານັກໂທດ ໄດ້ລ້າງໂທດຂອງເຂົາໄດ້ຄືຫລັງບ້າບ້ານບ ກໍະໄດ້ມັ ສ່ວນເຂົາໃຫ້ແກ່ເຂົາ ກ່ວນບັງຄັບເຂົາໄດ້ຍຸ່ຄຸກ ກ່ອນບ່າະບຸ່ນະ ບຸ ບາຸໂທດ ຈົນ ຈົນ ຂ້ອງ ເຂົາເຂົາໃຫ້ ເປັນໂທດ ມິ ກ່ວນບັງ ຸ ຂຸ ຄວາມ ບັບ -

ໝວດທີ ໒

-ວິທີຈັດການປ່ຽນປັກໂທດ ກ່ອນລົງໂທດ-

ມາຕຣາ ໑໓໑ - ການ ຈະຖ່າ ໃຫ້ປ່ຽນ ປັກ ໂທດ ກ່ອນ ລົງ ໂທດ ຈະແມ່ນ ປັກ ໂທດ ຂ່ ເຂົາ ກໍໄດ້ ຫຼື ຈະ ໃຫ້ ຜູ້ ມີ ອຳ ນາດ ຕາມ ກົດ ໝາຍ ຫຼື ຜູ້ ໄດ້ ຮັບ ອຳ ນາດ ຕາມ ກົດ ໝາຍ ມີ ຄວາມ ສວາມ ຣຸ ຕ່າງ ໆ ປ່ຽນ ປັກ ໂທດ ໄດ້ ຄືວ່າ ຫລັງ ໃນ ມາຕຣາ ໓໘ ບັນ ນີ້ ບັນ ກໍໄດ້ ອີກ -

ຄ່າ ຈຳ ບັນ ຕາ ຈ ບັນ ຕໍ ຫ່ວ່ານ ຜູ້ ລ້ານ ຈ ຣ ຂຸະ ການ ປ່ຽນ ເຫຼັ ນາ ງ ຂ້າ ເ ລິນ ເຂົ ແບ່າ ຍ ການ ຍຸ ຄຳ ຫ່ານ ບະ ປ່ຽນ ເຫຼັ ນາ ງ -

ມາຕຣາ ໑໓໒ - ບອກ ວ ຽ ກ ຄ່າ ຈຳ ຂ້າ ປັກ ໂທດ ເຂົ າ ຫຼື ຂອງ ຜູ້ ມີ ຄວາມ ສວາມ ຣຸ ຕ່າງ ໆ ປ່ຽນ ປັກ ໂທດ ໂດຍ ມັນ ບັບ ການ ຈະ ປ່ຽນ ກ່ອນ ລົງ ໂທດ ບັບ ຈະ ແມ່ນ ຜູ້ ຈ ການ ຄຸກ ຂ້າ ປັກ ໂທດ ຖຸ ກ ປັກ ຂ້າ ຂ້ຽ ບັບ ຈຳ ເຂົ າ ກໍ ໄດ້ ຫຼື ຈະ ແມ່ນ ບາ ງ ບ່ ວ ສ ວ ນ ທ່ ໄດ້ ຕ ຮ ລົງ ລົງ ໂທດ ເ ປັນ ຜູ້ ຈຳ ໄດ້ ແລະ ການ ປ່ຽນ ປັບ ກ່ອນ ຈະ ເລັ ນ ຜັນ ໃຫ້ ຍ ກ ເລັກ ການ ປັກ ຂ້າ ປັບ ຕ ໄປ ຫຼື ຈະ ແມ່ນ ບ່ ວ ບ ຈະ ຫຳ ບັດ ຜູ້ ຈິ ກ ຄ ຂຸ ແ ຂ່າ ເ ລິນ ຜູ້ ຂຸ ກໍ ໄດ້ ອີກ -

ຄ່າ ຈຳ ຄ່ າ ວ່າ ມາ ແລ້ວ ນ ກໍ ຈະ ໂດຍ ບັດ ຕ ຫ່ວ່ານ ຜູ້ ລ້າ ນ ຈ ຣ ຂຸະ ການ ເ ໝ ື ນ ກັນ -

Article 133.

Le Résident Supérieur statue souverainement sur la demande
de libération conditionnelle après avoir, dans tous les cas, pris
l'avis motivé du gardien-chef et du Directeur de la prison dans
laquelle est détenu le condamné, du Président de la juridiction
qui a prononcé la condamnation et du Commissaire du Gou-
vernement de la Province.

Article 134.

La libération conditionnelle est prononcée par un arrêté du
Résident Supérieur qui fixe les conditions dans lesquelles le libé-
ré conditionnel doit jouir de la liberté qui lui est accordée.

Cet arrêté fixe notamment le lieu de séjour du libéré, et peut
ordonner à son sujet toutes mesures de surveillance ou de con-
trôle estimées utiles à raison de ses antécédents, des causes et
des circonstances de sa condamnation.

Article 135

En cas d'infraction par le condamné aux dispositions de l'ar-
rêté lui accordant la libération conditionnelle, cette mesure
peut être immédiatement rapportée par un nouvel arrêté du
Résident supérieur.

La révocation de la libération conditionnelle pourra être
prononcée de même, en cas d'inconduite habituelle ou publi-
que du libéré.

Dans tous les cas où la révocation aura lieu, le condamné
sera réintégré dans la prison pour toute la durée de la peine
non encore subie lors de sa libération.

ມາຕຣາ ໑໓໓ - ທ່ານຜູ້ສວເຈຈຣວຊຸການບໍຣິເຫຈຸລວງ ເປັນຜູ້ຕ່ງ່ເນຶນເຄງຂງ ໃນ
ສວ່ນຄວ່ວຂໍ່ຽຮກິວງນັກໂທຈຸກ່ອນ ສັນໂທຈຸ ແລະໃນສະດວງໄດ້ກໍດິ ກ່ອນຈະຕ່ຽ
ສັນທາ່ບຈະດວງເຈືອຂຄາມເບາບດິ່ຂອງບງຈທ່ານະໂຈຈ ແລະຜູ່ຈິ່ການຄຸກ
ຂໍງນັກໂທຈຸກ່ຈກກັກຂ້ງ່ຂ້ບັບ ແລະທ່ງບຫິງບນງນວຂນຂ້ງ່ເຄ້າຈຸ່ເນ່ນສ
ໂທຈຸ ແລະ ຫວງນະກໍບ່ດ່ໂຜູ່ຈິກ ຄອງແຂງງ່ບັບດັງ -

ມາຕຣາ ໑໓໔ - ການບໍຣິຄວກ່ອນສັນໂທຈຸນັ້ນ ຈະເດ່ຈະນຸຍງຈ່ດ້ງຈ່ດ່ວຣ່ຊຂອງທ່ານ
ຜູ້ສວເຈຈຣວຊຸການ ຊ້ງ່ະເດ່ຂ່ບອກ່ງ່ສ່ວຄບັຜູ່ທ້ເດ່ຮັບຄວາມກະຈຸນບາບັ
ຕ່ອງບ່ຕໍ່ບ່ໄຂ້ກ່ນຕາ່ວມນັສ່ງ່ຈເຮດ່ຮັບອະນຸຍຈ່ຈຍໃນໂທຈຸ ແລງ -

ໃນຈ່ດ່ວຣ່ຊ່ສນບັບນັ້ນ ຈະຂຸ່ບອກຕ່ວໍ່ງຈຂ້ງ່ຜູ່ຍຈ ໂທຈຸຕ່ອງຂ້ຈກ່ນເປັນ
ຕິນ ແລະ່ະບໍ່ຈ່ຄບ່ໄຂ້ຮ່ຈ່ກ່ການຈາຈ ໗ ເພຈອຈຮັກ່ຈງ່ຫຼ້ງກງຈຸການຜູ່ຍໃນໂທຈຸ
ນັ້ນອ່ຈກ່ກໍໂດ ຊຈ່ເຫ້ນບ່ວ່າຈະເປັນຜົນດ່ງຈຄໍ່ງ່ເຫ້ນບຕາຈກ່ຈ່ຂຸ່ເຄ່ນຂງຈ່ເຂ
ແລະຕິນເບາຕຸ ແລະເຫາຕຸການຊ້ງ່ໄດ່ຍຈໄຮ້ຈລິໂທຈຸ ເຂ຺ນັບ -

ມາຕຣາ ໑໓໕ - ເນ້ອນັກໂທຈຸໄດ່ກະຫວ່ງຈ່ຈ່ ຕ່ງ່ຈ່ໄດ່ວບນ້ງ ເບ່າ່ງ່ຈ່ຄວຣ່ຊ ກ້ໄດ່ອະນຸ
ຍງ່ຈໄຮ້ບ່ງ່ຄວຂອງຈິວກ່ອນສັນໂທຈຸ ຫວນຜູ່ສວເຈຈຣວຊຸການບ່ຈະອອກ່ງ່
ຄວຣ່ຊ່ໃຫມ່ໃນຫັບເດ່ກໍໄດ່ ເຍ່ອບ່ຫ້ຍກ່ເນ່ກ່ການບ່ອະນຸຍ່ຈ ໂບ່າບໍ່ຈ່ຄວ່ນັກ
ໂທຈຸຜູ່ນັນ -

ຈະຍກ່ເນ່ກ່ການບໍ່ຈ່ຄວນັກໂທຈຸນັ້ນໄດ່ອກ່ເຫ້ນ່ອບກັບ ຕ່ຂວ່ວ່າຜູ່ທ້ໄດ່
ຍັບ ໂທຈຸໄຫ້ບນ້ງ່ອຍ່ະນ່ໃ່ງ່ຕາບ່ຕ່ເຫ້ອບແຕ່ກ່ອບບຫ້ຈ່ຕໍ່ບນ້ວບິຈຸຈຂຸ່ບ -

ໃນສະດວງໄດ່ກໍໄ່ເນ່ອໄດ່ຍກ່ເນ່ກ່ການບໍ່ຈ່ຄວນັກໂທຈຸຜູ່ບັບ ່ກ່ະໄດ່
ຕຸ່ກ່ກກັຂ້ງ່ໃບຄຸກ່ໄຫ່ມຈຫ້ໄຮ່ກ່ບິນ່ສນ່ກ່ວ່ບນ່ໂທຈຸຂຸ່ຈບ່ຄວ່ວ່ຂ້ງ່ເຊ່ງ່ເຮ່ຈຸກ່
ບ່ໃ່ຈ່ການໃຈ່ນັບ -

CHAPITRE III

De la grâce

Article 136

Ainsi qu'il est dit à l'article 11 du code pénal, aucune condamnation capitale ne peut être exécutée sans avoir reçu l'approbation du Gouverneur général auquel les dossiers de la procédure doivent être transmis par le Résident supérieur, Chef de la Justice indigène au Laos.

Le Résident supérieur y joint son avis motivé.

Article 137

Si le Gouverneur général n'approuve point l'exécution de la condamnation, l'arrêté qui intervient à cet effet doit prononcer commutation de la peine capitale en une peine perpétuelle.

Article 138

En outre du cas prévu aux deux articles précédents où le Gouverneur général est toujours saisi de la question de l'exécution de la peine, alors même que le condamné n'a formé à cet effet aucun recours, tout individu frappé d'une condamnation quelconque peut, soit aussitôt après que cette condamnation est devenue définitive, soit en cours de peine, former un recours en grâce à l'effet d'obtenir soit la remise entière, soit la réduction de cette peine.

ບົດທີ ໓

ວ່າດ້ວຍການຍກໂທດ

ມາຕຼາ ໑໓໖ - ເໝືອນໄດ້ວ່າມະໄຣໃນມາຕຼາ ໑໑ ແບ່ງກຽບບຽນ ຈະຍົກ ຕາມໂທດປະຫານຊຶ່ງຫາກ ກອບໄດ້ຮັບຄຳເຫັນດີຈອງຫ່ວງຜູ້ ນຳເນຽນ ຂຸການປະເຫດ ອົບຄຳນົບບໍ່ໄດ້ ແລະ ຫ່ວງ ຜູ້ນຳເນຽນ ຂຸການປະເຫດ ຫາງ ເຮືວກ ານບ ຕຳຫັນ ຫາງ ຈະ ຕາວ ລ່ຽ ສ່ວນຮນ ການໂຕ່ ສ່ວນ ໄຮ ຍ ່ ຫ່ວງ ຜູ້ ນຳ ເນຽ ຽ ຂຸ ການ ປະ ເຫດ ອົ ບຄ ເ ຕ ັ ຶ -

ຫ່ວງ ຜູ້ ນຳ ເນຽ ຽ ຂຸ ການ ປະ ເຫດ ຫາງ ຕ ້ອ ໄຮ ຄ ຳ ເຫ ັ ຕ ຶ ຂອ ຫ ່ ວ ງ ໄ ປ ຕ າ ມ ບ ົ ດ ວ ່ ງ -

ມາຕຼາ ໑໓໗ - ຖ້າ ຫ່ວງ ຜູ້ ນຳ ເນຽ ຽ ຂຸ ການ ປະ ເຫດ ອົ ບ ຄ ຕ ຶ ບ ່ ເ ຫ ັ ຕ ້ ບ ່ ວ ່ ງ ໄ ຮ ້ ອົ ກ ານ ຕ າ ມ ໂ ທ ດ ປ ະ ຫ າ ນ ຊ ຶ ່ ງ ທ ຳ ໄ ວ ້ ຶ ່ ຼ ຽ ະ ໄ ດ ້ ອ ອ ກ ໄ ປ ກ ານ ບ ຶ ກ ຳ ຕ າ ວ ຈ ະ ໄ ດ ້ ຢ ່ ຼ ໂ ທ ດ ປ ະ ຫ າ ນ ຊ ຶ ່ ງ ໄ ຮ ້ ເ ອ ໂ ທ ຼ ຈ ຶ ນ ຕ ຶ ບ ຊ ຶ ່ ງ -

ມາຕຼາ ໑໓໘ - ບ ອ ກ ຈ າ ກ ນ ະ ຫ າ ຍ ຕ ຳ ຫ າ ໄ ວ ້ ໃ ນ ສ ່ ຽ ມ າ ຕ ຼ າ ບ ິ ບ ຶ ້ ຂ ້ າ ຽ ະ ໄ ດ ້ ຂ ະ ບ ຸ ບ ຽ ຳ ຕ ຳ ຫ ່ ວ ງ ຜ ູ້ ນ ຳ ເ ສ ຼ ຽ ຂ ຸ ກ ານ ປ ະ ເ ຫ ດ ອົ ບ ຄ ຕ ຶ ບ ຸ ກ ໆ ຖ ້ າ ໃ ນ ກ ານ ຮ ະ ຽ ່ ຕ າ ມ ໂ ທ ດ ຂ ອ ຽ ຕ າ ມ ໄ ດ ້ ຽ ແ ມ ່ ນ ບ ່ ວ ບ ກ ໂ ທ ດ ບ ່ ໄ ດ ້ ວ ່ ງ ຂ ່ ຽ ທ າ ຽ ໃ ນ ກ ່ ວ ບ ບ ຶ ກ ຳ ຕ ຶ ເ ໝ ່ ຼ ຽ ຸ ກ ຕ ິ ມ ຜ ູ້ ໄ ດ ້ ຖ ຶ ກ ໂ ທ ດ ຫ ່ ວ ຼ ໄ ດ ້ ອ ່ ຼ ຽ ບ ຶ ຼ ໄ ຮ ້ ຫ ່ ຽ ເ ຄ ເ ໝ ່ ຼ ໂ ທ ດ ບ ້ ເ ອ ເ ຄ ຼ ຽ ຂ ຼ ແ ລ ້ ຽ ກ ຶ ້ ກ ້ ໃ ບ ຽ ຼ າ ວ ້ າ ຼ ໂ ທ ດ ຽ ້ ບ ບ ກ ຶ ້ ຽ ະ ບ ຶ ຄ ່ ວ ຽ ້ ຳ ໄ ຮ ້ ຽ ກ ິ ໂ ທ ດ ຫ ່ າ ຽ ເ ຊ ຼ ຼ ຼ ກ ້ ຽ ດ ່ ຽ ໂ ທ ດ ບ ້ ຽ ລ ຼ ກ ້ ໄ ດ ້ -

Article 139.

Le recours en grâce ainsi formé doit être adressé au Résident Supérieur, Chef de la justice indigène au Laos, lequel fait procéder à l'instruction de la demande en prenant l'avis motivé :

1°/ du Directeur de la prison du lieu de détention du condamné ;

2°/ du Gardien-chef ;

3°/ du Président de la juridiction qui a prononcé la condamnation ;

4°/ du Commissaire du Gouvernement de la Province.

Le tout ainsi qu'il est dit ci-dessus en ce qui a trait à la libération conditionnelle.

La demande ainsi instruite est transmise au Gouverneur général qui prononce souverainement.

Article 140.

Les Chefs de Province et les Directeurs des Établissements pénitenciers adresseront au Résident Supérieur, avec leur avis motivé, chaque fois qu'ils le jugeront utile, mais dans tous les cas, deux fois par an, deux mois avant la date du grand et du petit serment, les propositions de grâce entière ou de réduction de peine qu'ils croiront devoir formuler en faveur des individus qui purgent leur peine dans la prison placée sous leur autorité.

Article 141.

Les états de propositions de grâce ou de réduction de peine transmis par le Résident Supérieur au Gouverneur général, mentionneront, pour chaque condamné, la peine prononcée, les causes de la condamnation et le quantum de la peine déjà subie.

ມາດຕາ ໑໓໙ - ຄຳຮ້ອງຂຶບກໂທດຕ່າງໆນັ້ນ ໃຫ້ຍື່ນຕໍ່ຫ່ວງຜູ້ອຳນວຍການຂຸະການ
ເຮືອແບ່ງການບຸຄຄົນທີ່ເຫດຸນັ້ນ ແລ້ວຫ່ວງຈະບັ່ງຄັບໃຫ້ຍື່ນຮຽບຮຽງ
ຄຳຮ້ອງຂຶນັ້ນ ແລະຈະໄດ້ຄວາມເຮືອຄຳເຫັນຮຽງໆ

໑ - ຜູ້ຂໍຮ້ອງຂໍຍົກຫ້ບກໂທດຕ້ອງກັບຂຶງຕົນ -

໒ - ບຽງຄວາມໂທດ -

໓ - ບາງບ້ວນຂ້າໄດ້ຈຳລົງບົ່ງໂທດ -

໔ - ຂະຫຳບັດຜູ້ຍົກຄ່ອງໆໆ -

ການຫ້ອງຮຽບຮຽງນັ້ນ ຕ້ອງໃຫ້ບົ່ງຕາມຄວາມເຫັນຕາກເບ້ຍອນໄດ້ວ່າແລ້ວ
ມາໃຫ້ບັນຈຸ່ອຳນາດການບິ່ນຕາມບັກໂທດກອງນົ່ນໂທດຍບຸຄຄົນ -

ຄຳຂໍ້ງໄດ້ໃຫ້ສອບແລ້ວດັ່ງນັ້ນ ຈະໄດ້ນຳ ໃຫ້ຫ່ວງຜູ້ອຳນວຍການຂຸະການ
ບິ່ນເຫດຸນົ່ບຄັ້ນຂ້ອງຈະໄດ້ເບີ່ຜູ້ກ້ຽນບົ່ຈຸ່ຂຶ່ -

ມາດຕາ ໑໔໐ - ຫ່ວງຈະຫຳບັດຜູ້ບິ່ກ ຄອງຫຽງຫ່ງຫຍ່າງ ແລະເຫ່ວງຜູ້ອຳນາຍການບຸກ
ຫ່ງຫຍ່າງ ຊຽງໄດ້ຫ່ວງເຫຼາບ່ນົມຄວງ ແລາວ່າໃນຈະຄວບເດກ່ຳດີ່ບົ່ນ່ລົ່ວງ
ຄ້ວ ແລະ ລົ່ວງ ເຫັນ ກ່ອນ ອ່ວບບຸ່ຕໍ່ບຳຍືນ ຊ້ວຸ່ ຂເດີ່ອນ ໔ ແລະ ເດີ່ອນ ໑໒
ຕ້ອງ ລົ່ຄຳຮ້ອງຂຶບກ ໂທດຫຽ ບນຮ ບ້ຳຍອບໂທດ ຂ້ອງ ຫ່ວງ ເຫ້າບວ່ຄວບບຳ
ໃຫ້ແກ່ບຸກກົ ເຫັນວ່າໂທດຂອງເຂົາຂັ້ງ ໃນຄຸກ ຂ້ງ ກຶ່ ໄດ້ບ່ງຄັບ ຂອງຫ່ວງ ເບ້ຍ
ຫ່ວງຜູ້ອຳນວຍການຂຸະການບິ່ນເຫດຸນັ້ນ -

ມາດຕາ ໑໔໑ - ບ້ວບຂໍຍົກໂທດ ຫຼືຈຳ ຍອບໂທດ ຊ້ວຫ່ວງຜູ້ອຳນວຍການຂຸະການບິ່ນເຫດຸ
ນັ້ນຈະລົ່ງ ໃຫ້ບົ່ງ ຫ່ວງຜູ້ອຳນວຍການຂຸະການບິ່ນເຫດຸ ໃນຄຸກ ບົ່ນບົ່ນຈະໄດບອກວ່າ
ຫຼືບົ່ຕຳບັກໂທດ ກຸກ ກົ່ນ ອ່ວບ ບບ ໂທດ ຫຼື ໄດ້ລົ່ງ ເຫດຸ ການ ຫ້ຍ ວ ໂທ ລົ່ງ
ໂທດ ນົ່ນ ແລະ ອ່ວບບບໂທດ ຂ້ວບກ ໂທດໄດ້ຫ່ວ ລົ່ຽ ແລະ -

CHAPITRE IV

Ventes au profit du Trésor. — Frais et dépens.

ARTICLE 142.

Les choses saisies dont la confiscation aura été prononcée et dont la destruction n'aura pas été ordonnée seront vendues par les soins du greffier après que le jugement sera devenu définitif.

Les objets saisis dont la restitution aura été ordonnée et les objets déposés au greffe non retirés par les ayants-droit à l'expiration d'une année après l'invitation qui leur aura été faite seront vendus ainsi qu'il est dit ci-dessus.

Les animaux et biens inanimés mis en fourrière seront vendus s'ils ne sont retirés par les ayants-droit dans le délai maximum d'un mois.

Les fonds provenant de ces diverses ventes de même que les sommes saisies seront versés au Trésor.

ARTICLE 143.

Les frais de justice pénale prévus au présent code seront perçus ainsi qu'il est dit aux articles 12, 17, 30, 35, 36, 39, 46, 51 et 60 ci-dessus.

Il n'est perçu, en matière répressive, au profit du Trésor aucun des droits prévus au tableau A, annexé au code de procédure civile et commerciale. Les seuls droits perçus en vertu du présent code au profit du Trésor sont ceux figurant au tableau A ci-après.

ບົດທີ ໔

ຂໍ້ຮັບຄ້ຳປະກັນຕ່າງໆ ຄ່າສິນຫັມນະນ

ມາຕາ ໑໔໒ - ສິນຄ້າຢູ່ໄດ້ຮັບປະໂຫຍດຄັບໂຫຍກິກຮັບເຮີນຫ້າງ ແລະບໍ່ໄດ້ຮັບ
ຄັບໂຫ້ານວ່າງ ບັນໂກ້ຄັບບວງໄຮ້ເຊັ່ຍບັບ ຂ້ານ່ວນຈະເຮີນຜູ້ຂວງສິນຂອງຫຼ້ຽນບໍ
ເມື່ອໄດຄ່ານິ້ນພາກສ້ວນຍໃຊ້ໄດ້ເຮີນເຊຍຂ ແລ້ວ -

ສິນຂອງຢູ່ ຖືກສິນ້ ແລ້ວຢູ່ກຫລັບໂຫ້ ສິນຄັບໂຫ້ນ່ເຈົ້າຂອງມັນ
ແລະສິນຂອງຢູ່ໂດມວຂຍ ໂວໃບຫ້ວ່າກວບອ່ານສ້ວນແລ້ວ ເຈົ້າຂອງບໍ່ໄດ້ມຣັບ
ເຂດຄັບ ເນ່ອ ຣ່າກ່ວຍນິ ບໍ້ບ່ນຍ ແລະ ເມື່ອໄດ ເກ້ອບ ເຈົ້າຂອງຫຼ້ຽນບັບ ແລ້ວ
ກ່ຈະໄດ ເຂ2ສິ່ງຂອງຫຼ້ຽວ ບ່ຣອອກ ຂວງ ເຫນ້ອນ ໄດ ວ່າ ໂຍບ ບໍ -

ສຕ ແລະ ຈະ ງ ບ ວ ມ ຣ ກ ຂຸ ບ ຊ່ ໄ ດ ຣ ວ້ ຽ ໄ ວ ໂ ບ ໂ ປ ຽ ຂ ຫ ຽ ຂ ຫ ຽ ງ · ຈ ບ ອ ເ ຈ
ຂອງ ບ ມ ຂ ຸ ເ ຈ ຄ ້ ນ ໄ ບ ກ ່ ວ ຍ ນ ຸ ເ ຄ ້ ບ ບ ່ ຽ ວ ຂ ອ ຽ ຫ ຽ ຂ ຽ ກ ່ ຈ ະ ໄ ດ ເ ຂ ຽ ອ ອ ກ ຂ ຽ -

ຈ ່ ວ ນ ບ ເ ຽ ່ ຂ ້ າ ໄ ດ ຣ ກ ກ າ ບ ຂ ຽ ເ ຫ ຽ ນ ບ ໍ ແ ລ ະ ຈ ່ ວ ບ ງ ບ ເ ຫ ່ ນ ຂ ຽ ຮ ບ ຣ ນ ໄ ດ ·
ກ ່ ຈ ະ ຕ ້ ອ ຽ ໄ ດ ເ ຈ ຽ ໃ ຮ ເ ຊ ່ ຽ ໄ ຫ ້ ຄ ້ ຽ ຫ ຽ ຫ ຽ ຮ ່ ນ ບ ໍ -

ມາຕາ ໑໔໓ - ຄ່າຫັມນະນ ສ ວ ນ ແ ພ ນ ກ ອ ຂ ວ ຽ ຂ ຫ ້ ບ ບ ຍ ່ ໂ ວ ໃ ບ ກ ຮ ຫ ນ ວ ຽ ສ ບ ບ ໍ · ຈ ະ
ຕ ້ ອ ຽ ໄ ດ ຽ ກ ເ ຂ ຽ ຄ ່ ຽ ່ ວ ໂ ວ ໃ ນ ມ າ ຕ າ ໑໒ - ໑໗ - ໓໐ - ໓໔ - ໓໖ - ໓໔ - ໔໖ - ໕໑
ແ ລ ະ ໖໐ ບ ໍ ບ ໍ -

ເ ນ ່ ຣ ະ ຄ ຽ ວ ນ ບ ຍ ່ ວ ບ ໃ ວ ມ ະ ບ ຣ ຽ ກ ເ ຈ ຽ ຄ ່ ວ ຫ ້ ມ ບ ຽ ນ ສ ວ ບ ຮ ້ ກ ຂ ຽ ຊ ່ ວ ່ ວ ໂ
ໃ ນ ມ າ ຕ າ ຂ ວ ຽ ຫ ໌ ໑ ແ ບ ່ ຽ ກ ຮ ຫ ນ ວ ຽ ຍ ຶ ຽ ນ ຽ ວ ຄ ວ ວ ມ ແ ຜ ່ ວ ແ ລ ະ ຄ ້ ວ ຂ ຽ ຄ ່ ວ
ຫ ້ ມ ບ ຽ ນ ສ ວ ບ ຢ ່ ຽ ນ ສ ຽ ກ ເ ຈ ຽ ຂ ້ ຶ ຄ ້ ຽ ຫ ຽ ວ ຽ ຕ າ ມ ກ ຮ ຫ ນ ວ ຽ ສ ບ ບ ໍ ແ ມ ບ ຄ ້ ວ
ຫ ້ ມ ບ ຽ ນ ຂ ້ ຽ ສ ິ ຽ ໃ ໃ ນ ມ າ ຕ າ ຂ ຽ ຫ ໌ ໑ ຕ ່ ໄ ຍ ໍ -

Les frais perçus au profit du tasseng sont ceux portés au tableau B ci-après.

Ces frais seront avancés par le Trésor sur un état taxé par le Président du tribunal. Le remboursement en sera poursuivi ultérieurement contre le condamné ou contre la partie civile au cas d'acquittement.

Les frais alloués aux greffiers conformément au tableau C annexé au code de procédure civile et commerciale leur sont également alloués en matière répressive.

De même les taxes aux experts ordinaires, aux témoins et aux chefs des tribus montagnardes appelés à donner leurs avis aux tribunaux en vertu des articles 17, 30, 48 et 60 ci-dessus sont fixés conformément au tableau C, annexé au code de procédure civile et commerciale.

Ces divers frais sont également avancés par le Trésor après avoir été taxés par le président du tribunal et le remboursement en sera ultérieurement poursuivi contre le condamné ou la partie civile au cas d'acquittement.

ຄ່າຫັນບຸນ ສ່ວນຊຶ່ງຈະຢຽກເມຽໄຫ້ແກ່ຄ່າຫຸນວັງ ຮັບຄ່າຫັນບຸນ ຊຶ່ງມີໃນປັນຍາ ຫ້ ໒ ຄຳເປີບຶ້ -

ຄ່າຫັນບຸນ ຫຼຽວນີ້ຈະແມ່ນຄ້າຫຼວງສ່ວງຫນ່ວເຫົາຕວນບວນ ຂຶ້ຫວງຫນ່ວສວນບຣະຍິບຜູ່ເກ່ວ - ກວນຈະບ່າຄັບໂຫາຜູ່ຄົກ ໂຫຼ ຫ້ໂວ ຂວ່ແຍ່ວຍ່ວຄ່າເຊິ່ງຄຶກວິວາ ເຫົາເຊິ່ຫວງຄ່າຫັນບຸນສວນໂຫ້ແກ່ຄ້າ ຫຼາງຄັນຫ່ຈະໄດ້ບ່າຄັບຕວນຫ້ຫຼາ -

ຄ່າຫັນບຸນ ຫວນໂຫ້ແກ່ຄ່າສວນຕວນມີໃນປັນຍາ ຫ້ ໓ ເບ່າກຣິ ບຣວຍຖ ຂຸ້ບວຄວວມເຍ່ວ ແລະຄ່ຂຸຢ່ກຈະໄດ້ໂຫ້ແກ່ຄ່າສວນຫນ້ອນ ກັບອຶກໃບນະຄຸ ວຽບ ຽວ -

ໃນນະຄຸວບຽວກັບຄ່າຫັນບຸນໂຫ້ແກ່ຜູ່ຂຸ້ບນະຕ່ຫັນເຄວ ຍ່ວບ ແລະບວງຂອງຂຸຕ່ເຫີ່ວຍ ຊຶ່ຄຶກ່ຽວກວນເບິບຫ່ວິກຮຸ່ວສວນຕວນມຫຼາ ໑໓ - ໓໐ - ໔໘ ແລະ ໖໐ ບິນບຶ ກຳຈະມີວິຖຫວເຫີ່ວກ່ບກັບໂຄບບຈ່ໂວສລວ ໃນປັນຍາ ຫ້ ໓ ເບ່າກຣິ ບຣວຍຍິ່ອຂຸ້ບວຄວວມເຍ່ວ ແລະຄ່ຂຸຢ -

ຄ່າຫັນບຸນ ກ່ຽ ໆ ຫຼຽວຖຸກຈະແມ່ນຄ້າຫຼາງອຶກເບິບຜູ່ຈະສ່ວຫນວ ກ່ບຕວນບວນຖຸ່ຈ່ບວຍຽຂອຫ່ວຼບຣ້ວນ ແລະກວນຈະບ່າຄັບໂຫາຜູ່ຄົກ ໂຫຼ ຫ້ໂວ ຂວ່ແຍ່ວຍ່ວຄ່າເຊິ່ງຄຶກວິວາ ໂຫ້ໂຂຼເຫບຄ່າຫັນບຸນ ສວນໂຫ້ແກ່ຄ້າຫຼາງຄັນຈະໄດ້ບ່າຄັບຕວນຫ້ຫຼາ -

TABLEAU A

Frais perçus au profit du Trésor.

Droits de fourrière perçus conformément à l'article 12 du code de procédure pénale:

Éléphants, par tête et par jour	0 $ 20
Bœufs, buffles, chevaux, par tête et par jour	0. 10
Véhicules, embarcations, machines, appareils ou lots de matériaux ou de denrées importants et encombrants, par chaque unité de véhicule, embarcation, machine ou appareil ou par chaque lot de matériaux ou de denrées, par jour	0. 05

TABLEAU B

Droits perçus au profit des Tassèngs ou de leurs délégués

Convocations à témoins, experts, plaignants, personnes civilement responsables, prévenus en liberté et notifications diverses;

Par chaque original, droit fixe	0 $ 20
Par chaque remise de copie.	0. 10
Affiche d'un jugement par défaut, droit fixe.	0. 20

ຕາຕາງທີ ໑

ຄ່າລົງຫັນບຽນຂວນຊູ້ຣະເກັບຂົນຄ້າບ່າງໆ

ຄ່າຣກັຽຂນໍຕາໂວໄນໂຮງຂ້າບ່າງໆຊູ້ຈະໄດ້ເກັບຕາມມາຕຼາ ໑໒
ແບ່າກກິຽບຫຣ່າງຍົຄາຣະບຽຄວາມຂວາງໆ -

ຂ້າງໆໆ ຕົງວບັຕະ . . . . ໒໐ ອົ
ວິ ຄຣຽ ນ້ວ ໑ ຕົງວບັຕະ . . . . ໑໐ ອົ
ວິ ກຽບ ເຮືອ ແຍ ເຄື່ອງຈັກ ເຄື່ອງກ່າງໆໆຫ້າບຣນຸບຸ່ ເຄື່ອງ ຫ້າຂອງ
ຍຂບາວະ ຂວ້ຫາວນາກບ້າງໆແລະໄບ່າງໂຕ ໑ ຄັບ ໑ ລົ ໑ ເຄື່ອງ
໑ ບນວ ໑ ບຸ່ຂອງໆຍຂບາວະຫ້າ ຂວບາວ ລົບະ . . . . ໕ ອົ

ຕາຕາງທີ ໒

ຄ່າລົງຫັນບຽນເກັບເອົາຄ່າຈາະໆໆ ຫ້າຜູ້ຕາງໆບັຽຕາງແຫງໆ

ບຣ່າງເຄາະຍຽນ ຜູ້ຂບັບະນຸ ຜູ້ຣບັຽໆທຸກ ຜູ້ເຮິນໂຮງຣວ້າງແຍ່ໆ
ຜູ້ຕົກບຫາ ຊູ້ໄດ້ຣັບອະນຸບ2ເບົ້າຕົວິ ແລະບຣ່າງບຂຕາຽໆ ໆ -
ລບັບເຄີນ ຂຕ້າຂບັຕຽ ໄບລະ ໝ . . . . ໒໐ ອົ
ລບັບລ່າງໆຊູ້ໄດ້ກ່ວໄຫ້ ໄບລະ . . . . ໑໐ ອົ
ວິະກວຽຄ່າຍົບຽກຼຼ ລຸກຄວນບໍ່ເຫັຍນ2ວ່າງ ຂຕ້າຂບັຕຽໄບລະ ໒໐ ອົ

BIBLIOTHÈQUE NATIONALE

BIBLIOTHÈQUE NATIONALE DE FRANCE
3 7502 01032153 8

www.ingramcontent.com/pod-product-compliance
Ingram Content Group UK Ltd.
Pitfield, Milton Keynes, MK11 3LW, UK
UKHW022313070726
13614UKWH00002B/705